PEREGRINATIO

MATILDE ASENSI
PEREGRINATIO

Planeta

© Matilde Asensi, 2004
© Editorial Planeta, S. A., 2004
   Diagonal, 662-664, 08034 Barcelona (España)

Diseño de la sobrecubierta y del interior: Neli Ferrer
Ilustración de la sobrecubierta: © AKG-Images/Album
Ilustraciones del interior: © Aisa-Archivo Iconográfico, S. A.,
AKG-Images/Album, Erich Lessing/Album, Gianni Dagli Orti/Corbis,
Mary Evans Picture Library

Primera edición: junio de 2004
ISBN 84-08-05316-7
Depósito Legal: M. 20.422-2004
Impresión y encuadernación: Brosmac, S. L.
Printed in Spain-Impreso en España

IACOBUS EL FÍSICO, APODADO PERQUISITORE, A SU MUY QUERIDO HIJO, EL CABALLERO JONÁS DE BORN. SALUDOS CON SINCERO AFECTO.

*D*ESDE TU ÚLTIMA MISIVA, LLEGADA A ESTA CASA POCO ANTES DE LA NATIVIDAD, HE RECIBIDO OTRAS DOS DE TU TÍO TIBALD, MI HERMANO MAYOR, EN las cuales me ha comunicado preocupantes nuevas sobre tu vida en la corte de Barcelona a partir del momento en que fuiste nombrado caballero la pasada primavera por el rey Jaime II. Dice tu tío que no sólo malgastas el tiempo apostando a los dados y al tenis real, juegos en los que has perdido importantes sumas de monedas de las que te envío periódicamente para sufragar los gastos de tu nueva condición, sino que, al parecer, has llegado al indigno extremo de pedir préstamos a tu abuelo y a tu bondadosa abuela, avergonzándome de forma lamentable, pues no les has devuelto el dinero en plazo ya que ni siquiera les visitas, perdiendo el tiempo en justas y torneos y, lo que es peor, bailando y cantando en compañía de damas y damiselas de la corte.

¿Es éste mi buen hijo Jonás, al que dejé marchar hace cuatro años desde nuestra casa de Portugal para que fuera educado como escudero junto a su abuelo, mi padre, el noble señor de Taradell? Sé que tu mocedad te impulsa a entregarte con pasión a la vida cortesana que tantos atractivos tiene para los jóvenes caballeros como tú y no dudo de que, incluso, la perspectiva de participar pronto en una batalla te seduce tanto como la compañía de una hermosa doncella.

Sin embargo, hijo mío, tú no eres sólo un joven de noble familia que ha sido armado caballero por el rey y que puede dilapidar su vida y su fortuna en absurdos divertimentos. Tú eres Jonás de Born, que fue un huérfano abandonado en el cenobio de Ponç de Riba, donde te criaste como *puer oblatus*, y, más tarde, fuiste García Galceráñez, mi hijo, ya que antes de convertirme en Iacobus el físico, como ahora se me conoce, fui Galcerán de Born, *freyre* de la poderosa Orden Militar del Hospital de San Juan de

Jerusalén. No olvides nunca tus orígenes, Jonás, pues, aunque por tus venas corran las sangres de los fundadores de los principales reinos de la península y en tus escudos se mezclen hermosos cuarteles de castillos, leones y cruces patadas, abriste los ojos al mundo como un humilde expósito en un cenobio mauricense y eso debería obligarte a tener los pies firmemente hincados en la tierra.

La vida no ha sido fácil ni para ti ni para mí. En realidad, para ser fiel a la verdad, la vida no es fácil para nadie, pero, en nuestro caso, siendo padre e hijo, resultó especialmente cruel que permaneciéramos alejados desde tu nacimiento hasta que te hallé en el cenobio con apenas doce años, pues yo vivía en la lejana isla de Rodas —donde ejercía mi profesión de físico en un hospital sanjuanista—, ajeno por completo a tu existencia. Por fortuna, un viejo criado de los Mendoza, la familia de tu madre, recaló moribundo en la sala de apestados que tenía a mi cuidado y me informó de tu nacimiento y repudio en Ponç de Riba, adonde, sin tardanza, me dirigí para recogerte y mantenerte a mi lado. Obtuve el permiso de mi orden con la condición de que aprovechara el viaje para estudiar, en la riquísima biblioteca del monasterio, uno de los escasos ejemplares del *Atarrif* de Albucasis el Cordobés, obra conocida también como *Metodus medendi* después de su traducción al latín por Gerardo de Cremona. En ella se desvelan los secretos de las incisiones sin dolor en los cuerpos vivos, de los cauterios, tan necesarios en tiempos de guerra, y del maravilloso ins-

trumental médico de los físicos persas. Y mientras estudiaba y pasaba el tiempo, te veía crecer entre los demás *puer oblati*, y veía en los tuyos los ojos de tu madre, también de un azul claro estriado de gris, y escuchaba cómo tu voz se iba transformando, asemejándose a la mía, y cómo tus huesos se estiraban tanto que parecían a punto de descoyuntarse. Cuando, por fin, con apenas catorce años, te hiciste tan alto como yo, quiso el destino, ese misterioso destino que teje los hilos de los acontecimientos con una sagaz visión de futuro, que tuviéramos la oportunidad de compartir lances extraordinarios a lo largo del Camino del Apóstol, el Camino de la Gran Perdonanza, de manera que los peligros que sufrimos y las extraordinarias situaciones que atravesamos vinieron a suplir, por su intensidad, los muchos años perdidos. Por eso, cuando te mandé a Taradell con tu abuelo para que te adoptara legalmente y te educara de manera que pudieras ser armado caballero, nunca imaginé que terminarías convirtiéndote en un necio zoquete pisaverde. ¿Acaso no sabes que te esperan grandes cosas en la vida?

¡Pardiez, Jonás! Es tiempo de volver. Despídete de tus primos, de tus amigos de la corte y de esas amigas que, según me cuenta tu tío Tibald, acumulas como un musulmán en su harén, y torna a casa para, entre otras cosas igualmente importantes, asistir a las clases de medicina en el Estudio General Portugués[1] de Lisboa, tal y como acordamos antes de tu partida. No admitiré excusas ni protestas, pues no te saqué del cenobio de Ponç de Riba para que te convirtieras en jugador de dados y bailarín cortesano. Tienes ya veintiún años, Jonás, casi veintidós, y, antes de que concibas la absurda idea de desobedecerme, déjame decirte que el caballero de Cristo que te lleva esta misiva, *frey* Estevão Rodrigues, ha pasado ya por Taradell con instrucciones claras para tu abuelo y tu tío, de manera que nadie de la familia te prestará un sueldo más por mucho que supliques y yo, desde este momento, dejo de mandarte dinero. Vende tu corcel de torneos, así como tu caballo de carga, pon a buen recaudo tus armas y libera a tus sirvientes, puesto que, para la tarea que te voy a encomendar, sólo necesitarás el bridón principal, el de batalla, y por toda compañía, la de *frey* Estevão, que te será de gran ayuda en tu venidero quehacer, que paso a detallarte.

---

1 Primera universidad de Portugal, fundada en 1290 por el rey Don Dinis, trasladada más tarde a Coimbra, donde se enseñaban artes, cánones, leyes, medicina y teología.

Quiero que para tu regreso a casa utilices, como hace siete años, el Camino de la Vía Láctea, el llamado Camino de Santiago. El papa Juan XXII y la Orden de los Hospitalarios de San Juan me habían encargado la recuperación de los tesoros templarios escondidos en él y tuvimos que recorrerlo como pobres *concheiros* buscando los signos de la *Tau* que marcaban los enclaves secretos. Pues bien,

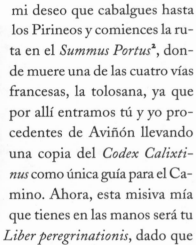

dado que te encuentras muy cerca del inicio del Camino en Aragón, es mi deseo que cabalgues hasta los Pirineos y comiences la ruta en el *Summus Portus*[2], donde muere una de las cuatro vías francesas, la tolosana, ya que por allí entramos tú y yo procedentes de Aviñón llevando una copia del *Codex Calixtinus* como única guía para el Camino. Ahora, esta misiva mía que tienes en las manos será tu *Liber peregrinationis*, dado que en ella te doy precisas instrucciones que debes seguir, la primera de las cuales es la siguiente: olvídate del caballero Jonás de Born, déjalo atrás y parte como peregrino, sólo como peregrino, como viajero, como caminante, y no te lleves a engaño pensando que se trata exclusivamente de recorrer, por un extraño capricho de tu padre, una vieja ruta milenaria.

2 Somport.

Estoy seguro de que te estarás preguntando
con irritación por qué te humillo de esta
forma, arrebatándote de los brazos de
tus damas y obligándote a repetir,
en la pobreza más inconvenien-
te para un rutilante caballero,
una ruta de peregrinación
que no tiene nada de sencilla ni de fácil ni de cómoda.
Pues bien, además de mi deseo de que cultives los valores del peregrino, Sara y
yo hemos pensado que sería
muy bueno para ti que

pudieras reflexionar larga y seriamente sobre tu vida y tu futuro durante las jornadas que emplearás en culminar el Camino. Descubrirás que jamás se pierde el tiempo cuando se pasa en compañía de uno mismo y qué decirte de las ventajas añadidas a ese mudo diálogo si lo estableces mientras caminas o cabalgas, en contacto con las energías de la Naturaleza. Quiero que aprendas que, en esta vida, nadie tiene una morada segura en ninguna parte y que nuestra suerte es siempre la tierra extraña, el difícil acomodo a lo nuevo y el constante alejamiento de lo acostumbrado. Esto nos obliga a no perder el tiempo ocupándonos en cosas vulgares. Como la mudanza es nuestro hogar, cuanto más baja e indefensa sea nuestra situación, tanto más hemos de guardar interiormente la integridad.

El Camino del Apóstol cambió mi vida hace siete años, así como la vida de Sara y la tuya. A mí me hizo comprender que no estaba en mi destino continuar sirviendo a la Iglesia como monje sanjuanista. A Sara, la judía hechicera de París, la *berrieh*[3] que estuvo a punto de morir,

---

3 En hebreo, mujer de gran talento y energía.

siendo niña, a manos de la Inquisición y que tuvo que huir de su hogar al poco de conocernos, abandonando sus parcas posesiones para salvar nuevamente la vida, el Camino la liberó de su difícil pasado y le dio un futuro que no tenía y una felicidad que no esperaba. A ti te devolvió un padre, un linaje y te ayudó a despertar esa gran inteligencia que hará de ti en el porvenir, a no dudar, un hombre sabio y de bien. El Camino a nadie deja indiferente y, por eso, los andariegos lo recorren desde hace miles y miles de años, siguiendo al sol hacia el oeste, pues no siempre fue el Camino del Apóstol, pero sí el Camino hacia el Fin del Mundo.

Pero aún hay algo más en mi extraño deseo de que peregrines nuevamente por la ruta de la Vía Láctea, un motivo que no conoce nadie, ni siquiera Sara, que acaba de salir por la puerta en pos de tu veloz y escurridiza hermana Saura —cuyo quinto cumpleaños celebraremos al mismo tiempo que tu llegada a casa—.

El Camino ha sido siempre, ya lo sabes, la senda por la que ha circulado el conocimiento iniciático y donde se han preservado los misterios de la antigüedad en el arte y la arquitectura gracias a los gremios y hermandades de canteros, pontífices[4] y constructores. Tienes mucho que aprender, caballero Jonás de Born, y *frey* Estevão Rodrigues te acompañará, como si fuera yo mismo, en esta nueva e importante andadura de tu vida. Espero que seas digno, hijo mío, de lo que vas a recibir.

4 Constructores de puentes.

PROCÚRATE UN RECIO BORDÓN PARA CUAN-
DO DEBAS ABANDONAR TU CABALLERÍA Y
CAMINAR, UNA ADECUADA CALABAZA PA-
RA EL AGUA, UNA CAJA DE ESTAÑO PARA
los documentos y salvoconductos, un amplio som-
brero, una esclavina para el frío y el mal tiempo y
una buena escarcela para guardar la comida. No será mala idea recordarte que, la vez anterior, te caís-
te redondo nada más poner el pie en la cima del
Summus Portus porque no sé qué mal juicio te hizo
desear la corona de espinas de los mártires y dejaste
de comer. Aunque entonces me deparaste numerosos quebraderos de cabeza, recuerdo ahora con esti-
ma que, a lo largo del Camino, muchas fueron tus
repentinas e intensas vocaciones: en el *Summus Portus* quisiste ser mártir, días después, caballero del
Santo Grial, cerca ya del final de nuestro viaje, ma-
rinero, y, por fin, en Serra d'El-Rei, llegaron a apo-
darte Jonás *el companheiro* porque, cada poco, em-
pezabas como aprendiz de un oficio diferente.
Afortunadamente, pronto me vi obligado a mandarte con tu abuelo para que, tras otorgarte cartas de
legitimidad como De Born, pudieras convertirte en
caballero, ya que, de otro modo, habría tenido que
sacarte del pueblo antes de que los gremios de artesanos te echaran a patadas. El día que te desmayas-

te en el *Summus Portus* tuve que llevarte en angarillas hasta el cercano hospital de Santa Cristina, uno de los hospitales de peregrinos más importantes del mundo, donde pasaste dos días recuperándote mientras yo exploraba, solo, las localidades cercanas. Por ello quisiera que, en esta ocasión, apenas cruces el puerto, visites la pequeña iglesia de Villanúa, que no viste, donde encontrarás una muy hermosa imagen de Nuestra Señora que quizá te llame la atención por el color de su piel, ya que es una Virgen negra.

Debes saber, Jonás, que la Tierra, la *Magna Mater*, vierte su propia energía interna a través de unas estrías que se encuentran bajo del suelo. Estos surcos, o cauces, fueron conocidos como «Serpientes de la Tierra» por ciertas antiguas culturas hoy olvidadas, que las representaban utilizando el color negro. Así pues, las Vírgenes morenas son hitos que señalan —a los que saben comprenderlo— los lugares donde esa energía se encuentra con mayor pujanza, lugares sagrados en los que el hombre absorbe la fuerza que su cuerpo necesita para obtener salud y también mayor espiritualidad. Deja que toda esa fuerza te cale mientras te postras ante la *Mater* negra. Después, sal de Villanúa y cruza el puente de piedra que te llevará hasta Jaca. Te encontrarás ya en plena vía peregrina, de modo que entrarás en la ciudad por la puerta de San Pedro. Síguela hasta que te halles frente al tímpano de la puerta oeste de la catedral. No habrás visto tanta belleza en ninguna otra parte, hijo mío. Observa con atención el soberbio crismón de ocho brazos pero, sobre todo, los dos espléndidos leones que lo flanquean. Espero que conserves buen recuerdo de todas las cosas que te enseñé durante nuestro primer viaje, porque es importante que sepas ver y descifrar las señales de los maestros iniciados que hicieron del Camino su mejor cátedra.

Los leones, Jonás, son animales de significación solar, muy ligados a la noción de luz. Para la tradición simbólica universal, el león es el custodio del Conocimiento mistérico, cuyo símbolo hermético es la serpiente negra de la que antes te hablaba. Como ves, por esos pagos las señales son muchas e importantes. Sin embargo, quiero que te fijes especialmente en la cartela situada al pie del tímpano y que reflexiones sobre ella: *Vivere si queris qui mortis lege teneris. Huc splicando veni renuens fomenta veneni. Cor viciis munda, pereas ne morte secunda,* o lo que es lo mismo: «Si quieres vivir, tú que estás sujeto a la ley de la muerte, ven aquí rechazando venenosos placeres. Limpia el corazón de vicios para no perecer de una segunda muerte.» Éste es el principio del Camino, Jonás, el auténtico principio del proceso iniciático. A partir de aquí, miles de personas han dado comienzo, desde los albores del mundo, a una peregrinación que sigue la ruta trazada en el cielo por la Vía Láctea y que les conduce, inexorablemente, hasta el «fin de la Tierra», hasta Finisterre.

No podrás encontrar ya resto alguno de la cripta secreta del primero de los tesoros templarios escondido en la capilla de Santa Orosia, patrona de la ciudad de Jaca, pero, si es tu gusto, entra en la catedral y observa la diminuta imagen de Nuestra Señora sedente que sostiene, de manera un tanto orgullosa a mi parecer, la cruz en forma de *Tau* que señalaba el lugar. Como bien sabes, esta cripta fue despojada por la Iglesia y el Hospital de San Juan gracias a mi buen hacer como *perquisitore*; sin embargo, también es cierto que, durante estos últimos años, parte de mi trabajo ha consistido en dirigir una mesnada secreta de Caballeros de Cristo que se ha encargado de vaciar y eliminar todos los antiguos escondites templarios, transportando los contenidos a lugares mucho más seguros.

Tras iniciar mis relaciones con Sara en Portomarín y escapar de la peligrosa codicia de la Iglesia y la Orden del Hospital, ni quería ni podía volver a ser monje sanjuanista, así que me vi obligado a pactar con los templarios, ofreciéndoles mi silencio sobre sus tesoros ocultos a cambio de protección y nuevas

identidades. Mi sorpresa fue que ellos no estaban interesados en absoluto en mi silencio, sino
en mí, en el *perquisitore*, en el hombre que había
dado al traste con sus claves más secretas, que
había escapado a todas sus trampas y que había
burlado a los más hábiles y astutos de sus caballeros. Querían que recompusiera de principio
a fin todas sus reglas de seguridad, pues, ya
que las había quebrantado, esperaban que
las reparase de manera que nadie, ni ahora ni en
los siglos venideros, pudiera tener acceso a sus lugares prohi-
bidos, a sus documentos, a sus vías de comunicación o a sus
misiones secretas. Y acepté, por supuesto, pues no sólo
ganaba para Sara, para ti y para mí una vida nueva —que
empezó y sigue aquí, en Serra d'El-Rei—, sino que el desa-
fío del quehacer que me ofrecían resultaba sumamente inte-
resante. Éste es el motivo de que mi persona valga tanto
para la nueva Orden que ha remplazado a la del Temple: soy
el artífice que ha creado las intrincadas claves que protegen
ahora todos sus bienes.

trauaillier Il dou

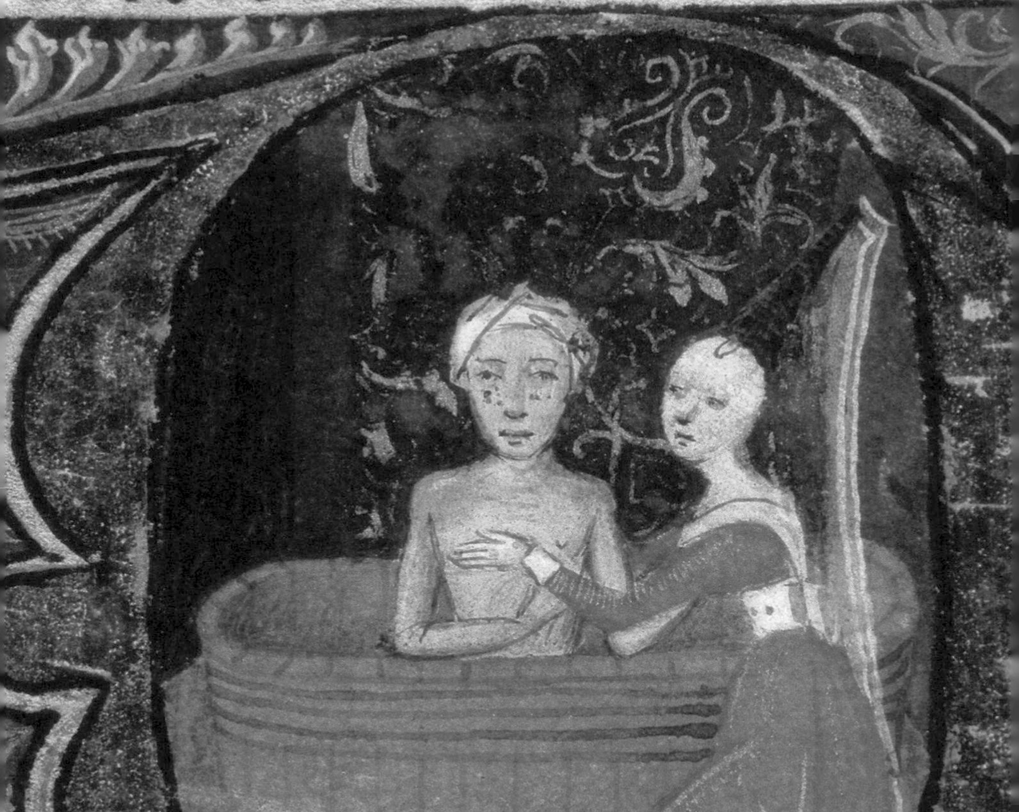

it vser le baignier

voit baignier · fon

C UANDO FREY ESTEVÃO Y TÚ ABANDONÉIS JA-
CA, DEBERÉIS SEGUIR EL CAMINO QUE LLEVA
A SANTA CILIA Y, UNA VEZ ALLÍ, EN LUGAR DE
ENCAMINAROS HACIA SANGÜESA, SUBIRÉIS
hasta Berdún, tomando otro de los ramales
alternativos del Camino que es mencionado
por Aymeric Picaud, autor del *Liber peregrinationis*
del *Codex Calixtinus*. Tomando al pie de la letra sus
indicaciones, llegaréis hasta un pequeño pueblo llamado Tiermas, donde seguirás cumplidamente las
órdenes que entonces te dará *frey* Estevão y apren-
derás las palabras e invocaciones que más tarde habrás de repetir. En el *Codex* encontrarás algún indi-
cio de lo que acontecerá esa jornada. Dice Aymeric:
«En Tiermas, baños reales que fluyen calientes
constantemente.» De ahí el nombre de la villa, que
deriva del latín *thermae*. Sólo te puedo adelantar
que esa noche llevarás a cabo el primer grado de un
antiguo ritual que no sólo te acercará al propósito
de este viaje sino que, además, como un bautismo,
te limpiará por dentro y por fuera, tal y como reco-
mienda la cartela del tímpano de la catedral de Jaca.
Te sumergirás en esas aguas calientes a la luz de la
luna y allí permanecerás hasta el amanecer, acumu-
lando en tu cuerpo sustancias salutíferas como sali-
tre, azufre y azogue en cantidades adecuadas, pues

esas aguas, famosas desde tiempos inmemoriales, son una bendición tanto para enfermos como para sanos. Cuando estés allí recuerda que esas aguas inmortales, regalo de la Tierra, han bañado los cuerpos de cientos de elegidos como tú. Obedece en todo a *frey* Estevão y, al día siguiente, antes de partir, tendrás un entendimiento más claro de por qué te ordeno dejar la corte de Barcelona y hacer el Camino. Recuerda que tengo por ley personal no hacer nada sin haber calculado antes todas las posibilidades, sin haber previsto todos los movimientos probables de la partida y sin haber pensado cuidadosamente en los beneficios y las pérdidas, en las consecuencias sobre mi vida y las vidas de los que me importan.

Cruzando el río Aragón, pasaréis por Yesa y Javier y, luego, bajaréis hasta Sangüesa, donde vosotros y vuestras cabalgaduras podréis descansar unos días en el convento de San Francisco, fundado por el propio Francesco de Assis hace cien años, y cuyo prior, fray Fadrique, os recibirá con afecto y generosidad. También en Sangüesa observarás, en el exterior de la iglesia de Santa María la Real —actualmente en poder de mi antigua Orden del Hospital de San Juan—, la curiosa torre de planta octogonal que, estoy seguro, te recordará lo que te expliqué aquel día en Eunate sobre estas notables construcciones, mientras permanecíamos sentados a la sombra de una casa ruinosa cercana a la capilla.

Y precisamente será Eunate, cerca de *Pons Regine*,[5] la próxima parada de vuestro viaje. Ya sabes que, a la salida del pueblo de Enériz, el Camino dobla a la izquierda para allegarse hasta la extraña capilla. Desde lejos divisarás su alta espadaña perdida en la soledad de una vasta llanura desolada. Espero, hijo mío, que disfrutes tanto allí con tus recuerdos como yo estoy disfrutando mientras evoco los míos, pues aún se me apresuran los latidos del corazón al revivir el momento en que vi por primera vez aquella iglesia de proporciones simples y parco ornamento. Recuerdo tu sorprendida pregunta cuando te expliqué el origen de su arquitectura: «¿De verdad esta pequeña capilla cristiana, perdida en mitad de las tierras de Navarra, debe su forma a una mezquita mahometana emplazada a miles de millas de aquí...?»

Y así era, ¿recuerdas? El rey Salomón, que gobernó Israel mil años antes de nuestra era, quiso levantar un templo grandioso en honor de Yahvé, tal y como se narra en el primer *Libro de los Reyes* de la Biblia. La reina de Saba, atraída por la fama de sabio y justo de Salomón, quiso conocerle para «probarle con enigmas» y pasó mucho tiempo con él, transmitiéndole un Conocimiento sagrado sobre modelos y dimensiones que Salomón utilizó para construir el templo.

5 Puente la Reina.

El rey hizo traer a Jerusalén los mejores materiales de todos los reinos de Oriente: oro, madera de cedro, mármol, cobre, hierro... Las paredes fueron cubiertas enteramente con oro y los objetos de culto fueron también fundidos en este material. ¿Por qué tanto dispendio, tanto fausto, tanta ostentación? Porque nada era suficiente para dar cobijo al Arca de la Alianza y a las Tablas de la Ley contenidas en su interior. La misma planta del templo, formada por tres recintos concéntricos, estaba pensada para su especial protección; en el *sancta sanctorum* nadie podía entrar salvo el gran sacerdote, que sólo lo hacía una vez al año. Cuatro siglos más tarde, sin embargo, la ciudad de Jerusalén fue arrasada y el Templo de Salomón destruido por las tropas de Nabucodonosor II, perdiéndose para siempre toda traza del Arca y las Tablas, la misma Arca que nosotros tuvimos la fortuna de ver con nuestros propios ojos mientras escapábamos de nuestro encierro en Las Médulas. Grande ha sido para mí, en los últimos años, el trabajo de buscarles un nuevo e inviolable acomodo, un acomodo que espero sea duradero y acorde con su alta condición de objetos sagrados.

Pero sigamos con la historia de la capilla de Eunate y su extraordinario origen. Cuando, más de mil quinientos años después de Nabucodonosor, los cruzados europeos llegaron a Jerusalén, descubrieron que, sobre los restos del Templo, se había levantado una mezquita sarracena llamada Qubbat al-Sakkra, o Cúpula de la Roca, que, extrañamente, mantenía los tres recintos concéntricos y exhibía una más que inexplicable estructura octogonal, impropia de la arquitectura musulmana. Junto a ella, dentro también de lo que fuera el recinto del desaparecido Templo, había otra mezquita más pequeña, Al-Aqsa, que los templarios, los *milites Templi*, utilizaron como residencia monástica, dejando la función de basílica para la Cúpula de la Roca, ya que ambos edificios les habían sido entregados en propiedad por el rey Balduino II. ¿Recuerdas que te expliqué que ésta fue la única petición que hicieron a cambio de proteger la ruta hasta Jerusalén y a los peregrinos cristianos que la transitaban? Querían el viejo recinto del Templo de Salomón porque sabían lo que buscaban y, ciertamente, además de ganarse el nombre por el que fueron conocidos —templarios, por el Templo—, consiguieron su objetivo y se adueñaron, no sólo del Arca y las Tablas, sino también de importantes documentos que les transmitieron aquel viejo Conocimiento sagrado sobre modelos y dimensiones apropiados para la construcción. De este modo, pocos años después, centenares de torres, iglesias y capillas templarias en Europa, como la de Eunate, presentaban la misma sorprendente planta octogonal. Como la Orden del Temple ha sido disuelta y diezmada, dentro de muchos siglos las gentes admirarán estas edificaciones pero no conocerán su origen ni el porqué de su forma.

EL DESTINO, ESE MISTERIOSO Y SUPREMO DES-
TINO DEL QUE HABLA LA **QABALAH**, QUIERE QUE
TÚ, JONÁS DE BORN, LLEVES A CABO EN EUNA-
TE EL SEGUNDO GRADO DEL ANTIGUO RITUAL
cuyo cumplimiento motiva en parte tu peregrinación hasta el Fin del Mundo: de nuevo *frey* Estevão
te guiará como un padre. Obedécele en todo cuanto te ordene. Esa noche ni cenarás ni beberás y
mientras el caballero se aleja con vuestras monturas
en dirección a *Pons Regine*, dejándote solo, tú escu-
driñarás demoradamente los capiteles del deambu-
latorio de claustro, reparando en la figura del Crucificado sin cruz que aparece rodeado por catorce
apóstoles, en los leones solares enfrentados, en los
rostros satánicos de cuyas bocas salen enredaderas
formando laberintos y espirales que terminan
siempre con representaciones de piñas, frutos que
simbolizan la fecundidad y la inmortalidad.

El propósito, Jonás, es que medites sobre esas imágenes en
soledad, que intentes descifrarlas, que les des un significado acomodable a tu vida. Las palabras sabias siempre nece-
sitarán intérpretes, lo mismo que las imágenes herméticas
o los grandes misterios, y esa noche el intérprete serás tú.
De modo que no sientas temor de errar en tus conjeturas
porque no existe tal peligro y no te desanimes por la difi-

cultad de la tarea. La sabiduría es la consecuencia de la reflexión y la reflexión es de cada uno.

Cuando termines en el claustro, penetra en el interior de la capilla por el norte. Observa el friso que da a la arquería y reflexiona. Entenderás muchas cosas si prestas atención a lo que allí veas.

Por eso debes estar solo y por eso debe rodearte el mayor de los silencios nocturnos. El Camino de la Vía Láctea está próvidamente dispuesto para asistir a los seres especiales que son capaces de alcanzar la iniciación por sí mismos. Medita sobre el significado de las cabezas apoyadas unas contra otras —la transmisión racional del Conocimiento—, de las quimeras y sirenas con colas de dragón —el dolor y el miedo del hombre ante el peligro y lo desconocido—, de los monstruos con flores en el vientre —la desaparición del miedo, lo que permite la libertad—, de la figura encapuchada que lleva a un niño en los brazos —el ser renacido tras la muerte—, de la mujer desnuda enroscada en una serpiente —la Diosa Madre del mundo, la Magna Mater, la Tierra, enrollada en la Sabiduría y el Conocimiento— ...

Quizá la noche se te pase en estos menesteres, pero no será tiempo perdido ni sueño malogrado. Cuando por fin consideres que ya es momento de des-

cansar, dirígete al lado sur de la capilla y, por una puerteci-
lla que encontrarás entreabierta, sube la escalera de caracol
que te llevará a la pequeña linterna que visitamos tú y yo en
aquella ocasión, sólo que ahora encontrarás allí un cómodo
lecho de bálago y unas buenas mantas para que no pases
frío. Duerme todo cuanto te pida el cuerpo, pues ésta es la segunda fase del ritual de iniciación que vas a consumar. La primera fue el baño purificador en Tiermas; la segunda, el
sueño vigorizante tras la meditación de los misterios. Si la
noche es despejada, observa los astros. Recuerda que esa
linterna de Eunate ha servido durante mucho tiempo a los
sabios que exploran el cielo para comprender la Tierra.
Cuando despiertes, a la mañana siguiente, comprobarás que todo lo que aprendiste la noche
anterior se conserva fresco y claro en tu
mente. *Frey* Estevão, por su parte, te
estará esperando cerca de la
iglesia con los animales listos
para reemprender la ruta.

En Puente la Reina podrás engu-
llir, a no mucho tardar, un buen yantar
que calmará tu hambre de muchas horas,
pues la distancia entre esta ciudad y Eunate es de sólo cuatro millas. ¡Qué gran ciudad, Puente la Reina! Allí se unen, formando uno, los principales caminos a Santiago,
dando lugar a una rica y abigarrada mixtura de
gentes de toda clase, lengua y condición. Por
fortuna, los navarros son tan serviciales y pró-

digos con los peregrinos como pide la vieja tradición de hospitalidad del Camino, recordada por el *Codex Calixtinus*:

«PEREGRINI SIVE PAUPERES SIVE DIVITES A LIMINIBUS SANCTI JACOBI REDIENTES, VEL ADVENIENTES, OMNIBUS GENTIBUS CARITATIVE SUNT RECIPIENDI ET VENERANDI. NAM QUICUMQUE ILLOS RECEPERIT ET DILIGENTER HOSPICIO PROCURAVERIT, NON SOLUM BEATUM JACOBUM, VERUM ETIAM IPSUM DOMINUM HOSPITEM HABEBIT. IPSO DOMINO IN EVANGELIO DICENTE: QUI VOS RECIPIT ME RECIPIT.»[6]

Me agradaría, aunque sólo se trata de un deseo, que acudieras de nuevo al figón llamado *Coluver*, próximo al celebrado puente que da nombre y fama a la ciudad, aunque si prefieres la comida de la hospedería de peregrinos en la que nos alojamos —recuerdo que nos ofrecieron una magnífica asadura de cabrito con garbanzos—, no cumplas mi deseo, pues no tienes obligación.

Pero fue allí, ¿recuerdas?, en aquella taberna, donde un grupo de peregrinos francos cantaba unas alegres romanzas sobre una hechicera, una judía francesa que viajaba sola hacia Burgos. Me río al recordarlo mientras te escribo. Aquella hechicera era Sara, mi Sara, la madre de

6 «Los peregrinos, pobres o ricos, que vuelven de Santiago o se dirigen allí, deben ser recibidos con caridad y respeto por todos, pues quien les reciba y hospede con esmero tendrá por huésped no solamente a Santiago sino también a Nuestro Señor, el cual dijo en el *Evangelio*: "el que a vosotros os reciba a mí me recibe".» *Codex Calixtinus*, capitulum XI.

tu pequeña hermana Saura. ¡Cómo cantaban aquellos provenzales, golpeando con sus jarras contra las mesas! Y eso que ella, ante sus requerimientos de amores, les había amenazado con dejarlos calvos y sin dientes. Yo, de ellos, me hubiera echado a temblar, pues nunca, nunca, hay que ignorar las advertencias de Sara, créeme. No he visto en mi vida dueña tan terca y soberana de sus actos, con el peligro añadido de poseer conocimientos de brujería que, además, le procuran unos buenos ingresos aquí, en Serra d'El-Rei. ¿Sabes que continuó con su viejo oficio al poco de marcharte tú? No tuve nada que objetar a su deseo porque vinieron a mi mente las palabras que me dijo tu madre, Isabel de Mendoza, cuando la visité en el cenobio de Las Huelgas durante nuestro primer viaje: «Aquí dentro la vida no es fácil, señor... Mi tiempo pasa entre chismorreos, comadreos y murmuraciones. Lo que más me entretiene es crear alianzas y enemistades que invierto, por gusto, al cabo de un tiempo. Lo mismo hacen las demás, y la vida se nos pasa en estos vacuos menesteres. Excepto la Alta Señora y las sorores más próximas a ella, las demás no tenemos gran cosa que hacer. Y así un día tras otro, un mes tras otro, un año tras otro...» Una mujer como Sara, acostumbrada a la libertad, no hubiera resistido quedarse encerrada en casa cuidando de su hija.

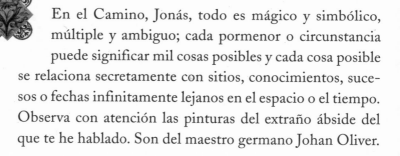

Fue aquella romanza cantada a voz en cuello por el grupo de francos en el figón Coluver lo que nos espoleó para aceptar la proposición de Nadie, o mejor, del caballero templario —hoy, de Cristo— Rodrigo Jiménez, que nos ofreció unas cabalgaduras para alcanzar prestamente a la judía antes de que llegase a Burgos. Sin embargo, como en esta ocasión puedes viajar sin apremios, no abandones Puente la Reina sin subir y bajar el afamado puente que da nombre a la ciudad ni tampoco sin visitar la parroquia del barrio de Murugarren, la iglesia de Nuestra Señora dels Orzs,[7] que fue donada en 1142 por el rey García VI a la Orden del Temple. El puente porque, con su forma de empinada y penosa colina que no permite al cansado peregrino vislumbrar lo que tiene delante, te dará una valiosa lección sobre cómo es la vida, y la parroquia porque, además de exhibir una hermosa torre con cúpula octogonal, posee un enigmático ábside que, por haberte marchado con Nadie aquel día a comprar los caballos, no pudiste examinar hace siete años.

En el Camino, Jonás, todo es mágico y simbólico, múltiple y ambiguo; cada pormenor o circunstancia puede significar mil cosas posibles y cada cosa posible se relaciona secretamente con sitios, conocimientos, sucesos o fechas infinitamente lejanos en el espacio o el tiempo. Observa con atención las pinturas del extraño ábside del que te he hablado. Son del maestro germano Johan Oliver.

---

7 Nuestra Señora de los Huertos, actual iglesia del Crucifijo.

Verás, sobre un fondo universal, un crucificado de tamaño humano colgado de un árbol en foma de Y griega, con el cuerpo vuelto hacia la izquierda y la cabeza en sentido contrario. Es decir, un crucificado sin cruz, ya que el árbol ahorquillado —del que salen los vástagos a la altura del abdomen del Cristo—, es una conocida representación de la Pata de Oca, sello de las hermandades de maestros constructores iniciados que, como Salomón, siguen los conocimientos trascendentes de los modelos y dimensiones de la arquitectura sagrada. Este *sigillum*, o sello, de las hermandades lo irás encontrando abundantemente a lo largo del Camino. Sobre la cabeza del Cristo podrás distinguir un águila mayestática, símbolo de iluminación, observando un lejano ocaso solar, alegoría de la muerte figurada que convierte al iniciado en hijo de la Tierra y el Cielo. Es posible que, en lugar del Crucificado trazado por el maestro Johan Oliver, encuentres una talla idéntica en madera colocada sobre el primero, pues fui advertido de tal cambio en aquella ocasión,[8] pero eso no afectará a tus reflexiones. En cualquier caso, recuerda que jamás debes rendirte ante los obstáculos que encuentres en el Camino o en la vida. Antes bien, acepta dichas dificultades como un aspecto más del aprendizaje y, entonces, sacándoles partido, te resultará mucho más fácil avanzar.

8 El Crucifijo sustituyó a la pintura en alguna fecha desconocida entre 1314, año de la disolución de la Orden templaria, y junio de 1328. Por él, Nuestra Señora dels Orzs pasó a llamarse iglesia del Crucifijo.

S ALIENDO DE PUENTE LA REINA, EL DÍA QUE OS MARCHÉIS, ATRAVESARÉIS EN UN SANTIAMÉN LAS POBLACIONES DE MAÑERU Y CIRAUQUI Y, SIGUIENDO LA ANTIGUA Y BIEN trazada calzada romana, llegaréis a la aldehuela de Urbe. Cruzaréis el puente de dos arcos sobre el río Salado y llevaréis cuidado de que los animales no beban en él, pues advierte Aymeric Picaud al respecto afirmando que sus aguas son mortíferas. Ya sabes que Aymeric no es digno de confianza, pero no estará de más precaverse de los peligros. Tras ascender una empinada colina llegaréis a Lorca y, desde allí, salvando un magnífico puente de piedra, alcanzaréis Villatuerta, a la salida de la cual, en la bifurcación de caminos, tomaréis por la derecha, hacia Estella, la monumental y hermosa Estella que parte en dos el río Ega. Recuerda que aquí las gentes hablan provenzal, pues es una ciudad de francos y de descendientes de francos, así que espero que no hayas olvidado aquella lengua que llegaste a dominar con soltura. Ya le di instrucciones a *frey* Estevão respecto a vuestro alojamiento en la alberguería monástica de San Lázaro, de monjes cluniacenses, pero si, una vez allí, juzgáis que es mejor la de la ermita de Nuestra Señora de Rocamador, no tengáis reparos en cambiar.

Nada templario encontrarás en Estella, pero te recomiendo que no dejes de visitar, por el simple gozo de la belleza, la iglesia del Santo Sepulcro, cuya portada ojival es digna del mayor encomio, así como la de Santa María de Jus del Castillo y el palacio de los reyes de Navarra. Tras esto, seguid en paz vuestro camino y que no os hagan sufrir demasiado los fuertes vientos que azotan casi siempre esta comarca, de manera que podáis cruzar en breve tiempo Ayegui, Azqueta, Monjardín, Urbiola y Los Arcos, notable ciudad que alberga un lazareto para leprosos que disfruta de gran fama incluso más allá de las fronteras navarras. No ha mucho, un *freire* de la mesnada a mi cargo me ha contado que el nuevo clérigo de la parroquia de Santa María de Los Arcos se pasa el día entero tocando la campana del cimborrio para orientar a los peregrinos que se acercan, ya que, y esto sí lo recuerdo bien, no es fácil divisar el pueblo en lontananza porque lo encubre una colina. Me pregunto cuánto tiempo resistirá la infortunada población de Los Arcos semejante martirio antes de despellejar al cura y colgarlo por los pies de la campana.

Pasad de largo Desojo y Sansol y deteneos en el lugar de Torres del Río, a poca distancia ya de Logroño. Torres del Río es un minúsculo hatajo de casas ceñido en torno a un hermoso templo octogonal gemelo de Eunate. Sin embargo, no te voy a pedir que hagas otra cosa allí que fijarte en el único capitel diferente situado a la derecha del ábside del templo. La escena te resultará familiar pues, como sabes, fue la que nos salvó la vida en San Juan de Ortega. Verás representada la resurrección de Jesús, que se adivina por el Santo Sepulcro vacío con la losa medio abierta y por las dos mujeres hieráticas, con aspecto de muertas, que contemplan sin expresión la nube de humo que escapa del Sepulcro y que se eleva en espirales laberínticas. Lo que me perturbó en aquella ocasión fue la extravagancia de la escena, pues en ningún pasaje de las Escrituras se dice que Jesucristo saliera de su enterramiento convertido en fumarola, de manera que, más tarde, frente al sepulcro de san Juan de Ortega, adiviné el grave peligro que corríamos de quedar, como las santas mujeres, con algo más que un aspecto de muertos.

La distancia que os separa de Viana desde Torres del Río no es grande pero sí castigo de peregrinos, pues el Camino transcurre subiendo y bajando sin descanso morones y collados, a la vez que arrecian los vientos de los que antes te hablaba, unos vientos propios de esta región que dificultan asaz la marcha y agotan a los animales, volviéndolos irascibles hasta el punto de hacer extraños a las bridas. Recuerdo que, en el viaje de hace siete años, llegamos tan fatigados a Viana que, a pesar de tener que partir cuanto antes hacia Logroño, a punto estuviste de quedarte profundamente dormido sobre el duro e incómodo banco de madera del comedor del hostal de Nuestra Señora de la Albergueria. Menos mal que el viejo Nadie —quien, luego, quitado el disfraz, resultó no ser tan viejo, llamarse Rodrigo y servir al Temple— sacó de su escarcela el misterioso juego de La Oca, del que yo, gran aficionado a los juegos de tablas como el ajedrez, la Escalera Real de Ur y las damas, no había oído hablar en mi vida. Desde entonces lo he jugado con frecuencia y puedo decirte que contiene tantos significados iniciáticos que es todo un compendio de antigua

sabiduría. Claro que tú, gran aficionado a las apuestas de dados y de tenis real, habrás olvidado por completo el magnífico y sencillo juego de La Oca —otra vez la oca, ¿te das cuenta?—, un humilde juego en el que lo importante no es ganar, sino perseverar y llegar, igual que en el Camino del Apóstol y en la vida; sin embargo, espero, hijo mío, que a estas alturas del viaje las cosas hayan empezado a cambiar mucho en tu cabeza.

La paciencia y el empeño necesarios para alcanzar el final del juego, representado

siempre en el centro del tablero por los jardines del Edén, es una metáfora del tesón imprescindible para recorrer el difícil viaje interior que lleva a la iniciación. La partida se desarrolla sobre un lienzo o una tabla en los que aparece una espiral dividida en sesenta y tres casillas adornadas con bellos emblemas, algunos fijos y otros variables. Entre los fijos, cada nueve casillas aparece una oca, ave sagrada para muchas antiguas culturas; también hay dos puentes, un pozo, un laberinto y, por supuesto, la muerte. El juego consiste en lanzar los dados —dos— por turno y avanzar, con el taco de madera o hueso que representa a cada jugador, tantas casillas como puntos se obtengan. Sin embargo, son las reglas que limitan este avance las que contienen las enseñanzas. Por ejemplo, si en la primera tirada un jugador saca un cinco, avanza hasta la casilla cincuenta y tres y vuelve a tirar, pues también en la vida real hay golpes de suerte, pero si en algún momento llega al laberinto, se perderá, estará un turno sin tirar y retrocederá un largo trecho; si la suerte le pone sobre una de las palmípedas saltará a la siguiente mientras exclama: «¡De oca a oca!», que, curiosamente, era la fórmula utilizada por los antiguos egipcios para expresar el tránsito desde la muerte al nuevo nacimiento; pero si cae en el pozo tendrá que esperar con paciencia a que otro jugador caiga también para poder salir. Así va discurriendo el juego, uno de cuyos rasgos simbólicos más destacados es que, si el jugador llega a la casilla de la muerte, entonces, como en la vida, sólo deberá retroceder al principio y volver a empezar. Cuando arribes a nuestra casa de Serra d'El-Rei jugaremos a La Oca, pues siempre ando a la busca de compañeros a quienes retar y tú, mi hijo, serás el contrincante perfecto.

La siguiente parada, como ya sabes, la haréis en Logroño. Entraréis en la ciudad cruzando el puente de piedra construido por san Juan de Ortega y visitaréis la iglesia de Santa María de Palacio, que luce una encumbrada aguja piramidal, así como la bella iglesia de San Bartolomé. Con todo, mis recuerdos de Logroño son más bien lúgubres, pues, al alba de aquel desgraciado día, encontré junto a mi cara, clavada en la paja del jergón, la daga que, como amenaza y apremio, me había dejado el aciago conde Joffroi de Le Mans —el esbirro que Su Santidad Juan XXII nos puso a modo de perro de presa para ir recogiendo los tesoros templarios que yo encontrara e impedir, al tiempo, que me fugara con ellos—. Debo reconocer, sin embargo, que aquella daga me resultó muy útil más tarde.

Saliendo de Logroño, cruzaréis la amplia vega del río Ebro, atravesando campos de labor y viñedos, y, tras una ardua ascensión, alcanzaréis la próspera villa de Navarrete, sobre las laderas del cerro Tedeón, cuyas gentes son muy afables y artesanas. Después, surcando la senda de Ventosa, llegaréis al Alto de San Antón, donde deberéis tomar todas las precauciones posibles porque, como bien nos advirtió Nadie durante nuestra primera andadura, es aquella una tierra peligrosa en la que abundan los salteadores y bandoleros. No seas temerario, Jonás, y no busques el enfrentamiento con esos pobres desgraciados. Gana la batalla quien consigue evitarla y tus lances como caballero deberían estar muy por encima de unas tristes escaramuzas con villanos casi siempre hambrientos.

No tengo la menor duda de que reconocerás el *Podium* de Roldán en cuanto tu caballo lo holle, pues allí escuchaste por primera vez la portentosa historia de Ferragut, el gigante de doce codos de estatura y dueño de la fuerza de cuarenta Hércules, descendiente de Goliat, que vino desde Siria para combatir a Carlomagno por orden del emir de Babilonia. Después de tomar casa en Nájera, ciudad que vislumbraréis desde el *Podium*, esperó pacientemente al rey de los francos, el cual, enterado de la presencia del gigante, envió, uno tras otro, a sus mejores hombres, a los que Ferragut capturó sin grandes dificultades, encarcelándolos sin matarlos. Por fin, un día, llegó Roldán,  el caballero más valiente de Carlomagno y, desde lo alto del cerro en el que os encontraréis *frey* Estevão y tú en ese momento, le lanzó una única piedra al gigante que le dio entre los ojos y lo derribó. Desde Logroño, y aun es posible que desde antes, habréis encontrado testimonios de la lucha entre Roldán y Ferragut. Sin embargo, no debes olvidar, Jonás, lo que te dije aquel día: Carlomagno nunca cruzó los Pirineos, nunca pasó de Roncesvalles y, por lo tanto, nunca llegó hasta Nájera. Ésta es una buena lección para que aprendas que, a veces, la historia que se da por cierta no es verdadera y la que se rechaza por falsa puede ser auténtica. Nunca lo creas todo ni lo des todo por bueno sin comprobarlo por ti mismo.

DEJANDO HUÉRCANOS A LA DERECHA Y ALESÓN A LA IZQUIERDA, ENTRARÉIS EN NÁJERA ATRAVESANDO EL PUENTE DE SIETE ARCOS QUE CONSTRUYÓ SAN JUAN de Ortega sobre el río Najerilla y podréis alojaros, como la otra vez, en el noble monasterio de Santa María la Real, fundado a principios del milenio por el rey Don García I el de Nájera. A fuer de ser sincero, cada vez que oigo, leo o escribo tu antiguo nombre, me vienen a la cabeza las circunstancias por las que tuviste que cambiarlo, y no dejo de sentir una cierta ira al pensar que el joven García Galceráñez dejó de existir al ser adoptado por su abuelo para que la Iglesia y la Orden del Hospital de San Juan no sospecharan que seguíamos vivos. Ciertamente, jamás hubiéramos dejado de ser unos miserables prófugos, temerosos de ser descubiertos en cualquier momento por los esbirros papales o los caballeros hospitalarios —que, a no dudar, hubieran seguido nuestro rastro sin desfallecer hasta encontrarnos—, si la Orden de los Caballeros de Cristo no hubiese hecho aparecer oportunamente, en un acantilado de la costa gallega, los cuerpos sin vida de un hombre, una mujer y un joven que fueron tomados por nosotros, lo que nos permitió empezar una nueva vida con otras identidades. Ahora

te llamas en verdad Jonás, pues tomaste por nombre propio el apelativo que yo te daba mientras te buscaba en el cenobio de Ponç de Riba, en recuerdo, no ya del Jonás que entró débil y temeroso en el vientre de la ballena, sino del que salió de ella, libre y renovado, pues tal era mi objetivo contigo.

¡Oh, Nájera, Nájera...! ¡Qué buenos recuerdos me trae esa ciudad! Allí fue donde encontramos a Sara después de muchos días de duro viaje, alojada en la sedería de Judah Ben Maimón, uno de los principales *muccadim*[9] de la gran aljama najerense, a quien, por cierto, deberás visitar y salu-

[9] Ancianos, en hebreo.

dar en mi nombre y en el de Sara. Al contrario que en otras muchas ciudades de la cristiandad, en Nájera los judíos son estimados, de manera que su aljama es próspera y han podido, sin temor a ser agraviados, establecer comercios en todos los barrios y en las calles principales, especialmente junto a la plaza del mercado y el palacio de Doña Toda. Recordarás el placer de pasear por las ceñidas calles de la judería, con sus casas de puertas abiertas que permiten ver los patios interiores, las ventanas con hermosas rejas de madera, el olor a especias y sus magníficos baños públicos. También fue aquí donde, por fin, con la ayuda de un fuerte depurativo para el vientre, conseguimos desprendernos de Nadie, cuya irritante presencia obstaculizaba nuestro ya de por sí difícil peregrinaje.

Dejáreis Nájera con pesar, estoy seguro, pero forma parte de la experiencia del Camino despedirse de las personas, las

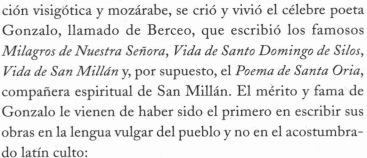

cosas y los lugares para seguir avanzando. Y eso es lo que deberéis hacer: continuar la ruta jacobea en dirección a Azofra, situada en lo alto de una pequeña colina, y, desde allí, siguiendo el trazado del río Tuerto, marchar hacia Alesanco, Villar de Torre y Berceo para terminar en San Millán de la Cogolla. Ya sabes que San Millán no es un único monasterio sino dos, separados por un bosquecillo: San Millán de Suso —de Arriba— y San Millán de Yuso —de Abajo—. En el de arriba, Suso, en cuya explanada hay una hermosa iglesia de ejecución visigótica y mozárabe, se crió y vivió el célebre poeta Gonzalo, llamado de Berceo, que escribió los famosos *Milagros de Nuestra Señora*, *Vida de Santo Domingo de Silos*, *Vida de San Millán* y, por supuesto, el *Poema de Santa Oria*, compañera espiritual de San Millán. El mérito y fama de Gonzalo le vienen de haber sido el primero en escribir sus obras en la lengua vulgar del pueblo y no en el acostumbrado latín culto:

«QUIERO FER UNA PROSA EN ROMAN PALADINO, EN CUAL SUELE EL PUEBLO FABLAR A SU VECINO, CA NON SON TAN LETRADO POR FER OTRO LATINO, BIEN VALDRA COMO CREO UN VASO DE BON VINO.»

Una vez en San Millán, *frey* Estevão y tú buscaréis acomodo en el albergue de Yuso, el de abajo, y os dispondréis a pasar la noche en vela, pues en San Millán, Jonás, deberás realizar el tercer grado del ritual que te ocupa en tu peregrinación. A la hora de maitines[10] saldréis de la hostería y, subiendo la ladera, atravesaréis el bosquecillo alumbrados por lamparillas de sebo, de manera que llegaréis a San Millán de Suso sin ser advertidos, dejaréis atrás la tumba de alabastro negro del santo, entraréis en el templo a través de la galería de los sepulcros, cruzaréis las naves en dirección al

10 Medianoche.

ábside y utilizaréis las escaleras de madera para acceder a los restos del antiguo monasterio, donde se hallan las criptas en las que se enterraban en vida los primeros monjes de aquel cenobio. Sin duda, habrás adivinado que te estoy conduciendo hacia la cripta de la pobre o, quizá, inexistente santa Oria, pues forma parte de las habilidades de la Iglesia de Roma crear santos que nunca fueron tales.

No puedo quitarme de la cabeza la cara de espanto de la pobre Sara cuando aquel benedictino nos explicó, lleno de orgullo y admiración, que Oria, la compañera espiritual de san Millán, era una inocente niña de nueve años que fue emparedada viva —supuestamente, a petición propia— hasta que murió a los veinte años de edad. Curiosamente, una *Tau* casi invisible aparecía tallada en la piedra que cubría su cripta, lo que me llevó a entender, por primera vez, la clave templaria según la cual las *Taus* aparecían en lugares donde las santas o mártires se llamaban Orosia, como en Jaca, y Oria, como en San Millán, nombres que procedían de sus antecesores latinos Aurosea, «del color del oro» y Aurea, «de oro», derivados ambos, a su vez, de

Aureus, «oro», y, por tanto, del «Tau-Aureus» templario. El esbirro de Su Santidad, el conde Joffroi de Le Mans, vació la cripta antes de que yo llegase aquella noche y pudiera estudiar los documentos y objetos, dejando unos tablones de madera por toda cubierta y montones de escombros en los alrededores. Por fortuna, los caballeros de Cristo, que nos vigilaban sin que lo supiéramos, reconstruyeron la cripta de la niña inmediatamente, impidiendo que nadie se apercibiera del desastre y descubriera el escondite.

Pero, además, los *freyres* hicieron otra cosa. Arreglaron de nuevo la bóveda secreta donde se ocultaba el tesoro y la ampliaron, de manera que ahora se puede acceder al lugar que, aunque vacío, permite celebrar allí determinadas ceremonias. Sigue exactamente las instrucciones de *frey* Estevão y aprende las frases del rito tal y como deberás pronunciarlas llegado el momento. Esa noche, Jonás, en presencia de varios caballeros que serán prevenidos de vuestra llegada, quedarás investido con los ropajes blancos que simbolizan la decencia e integridad de alma que deberás mantener a partir de ese día, sin emitir nunca un juicio falso ni ser cómplice de traición. Y no es éste, como el de la corte, un ritual vacío y carente de sentido. Tras el baño purificador en Tiermas y el sueño vigorizante en Eunate, sabrás ya que la honestidad a la que te obligan las ropas blancas no responde a un deseo de tu voluntad, sino que se convertirá en una condición de tu carácter que ya no podrás alterar.

*U*UESTRA SIGUIENTE PARADA SERÁ SANTO
DOMINGO DE LA CALZADA, A LOS PIES DE LAS
NEVADAS CUMBRES DE LA SIERRA DE LA DE-
MANDA. RECUERDA RENDIR DEVOCIÓN AL
santo ante su sepulcro, pues era un maestro cons-
tructor iniciado que dedicó su vida al Camino de la
Gran Perdonanza levantando puentes, fundando
hospitales y, lo más importante, creando un nuevo
y excelente trazado entre Nájera y Redecilla para
mejor servir a los peregrinos. No te olvides de pres-
tar atención a la gallera con las dos aves de corral de
plumaje blanco pues, si cantan al tiempo que tú
estás en el templo, según la leyenda, tendrás buena
suerte en adelante para el Camino.

Cruzaréis el puente sobre el Oja a la salida
de Santo Domingo y seguiréis su calzada
hasta Redecilla y, después, alcanzaréis Belo-
rado, Tosantos, Villambista, Espinosa y San
Felices. Un nuevo río, que lleva el ya conocido y arcano
nombre de Oca, y un nuevo puente se atravesarán en vuestro camino antes de que consigáis descansar en Villafranca,
la *Auca* u Oca de los romanos, en la que podréis alojaros en
el hospital de Santiago o en la hospedería de la iglesia, no
sin antes hacer una visita a la ermita de la Virgen llamada,
naturalmente, de Oca.

Al día siguiente reemprenderéis vuestro camino adentrándoos en Castilla por los boscosos Montes de Oca. De Castilla dice Aymeric en el *Codex Calixtinus*: «Es una tierra llena de tesoros, de oro, plata, rica en paños y vigorosos caballos, abundante en pan, vino, carne, pescado, leche y miel.» Y de ocas, añadiría yo sin ánimo de insistir en lo evidente. Llegaréis a los páramos de la Pedraja atravesando un espeso bosque de pinos y abetos en el que, además de lobos, abundan también los salteadores. Llevad, pues, cuidado y te repito lo que antes te dije: no intentes probar tu valía como caballero enfrentándote con unos pobres bellacos hambrientos. En el hospital de Valdefuentes podréis descansar y rellenar vuestras calabazas con el agua fresca y limpia del manantial que allí brota. Tenéis San Juan de Ortega a un tiro de piedra, así que no perdáis el tiempo y lanzaos al galope por el intrincado sendero que cruza la floresta hasta llegar a aquel lugar del que tantos y tan extraños recuerdos guardamos.

Como sabes, entraréis por la parte posterior del edificio y tendréis que rodear el ábside de la iglesia y, allí mismo, en la gran explanada, encontraréis la hostería. Lamento profundamente la muerte del viejo monje que con tanta cordialidad y simpatía nos recibió la otra vez. Era cuentista y lenguaraz, pero no merecía morir como murió, a manos del funesto Joffroi. En fin, te recomiendo prudencia en San Juan de Ortega, puesto que el

clérigo que suplantó a aquel des-
venturado era uno de los hom-
bres del conde. Puede que, como nos dan por muertos desde
hace cinco años, hoy ocupe su
lugar un auténtico hospedero,
pero, por lo que pudiera pasar,
te pido que no hables más de
lo debido ni menciones que ya
has estado antes en el lugar. Supongo, hijo mío, que tu aspecto habrá cambiado mucho en
estos años en los que no te he
visto y, aunque los rasgos de tu
cara y el color de tus ojos son
los de tu madre y tu tío Manrique de Mendoza, estoy se-
guro de que habrás seguido creciendo y es probable,
incluso, que hayas superado mi alta estatura, lo que no es sino un grave inconve-
niente porque podría delatar tu origen. Por
eso, andad con cuidado *frey* Estevão y tú, y, sólo
si os sentís seguros, visitad la tumba de san Juan de
Ortega —en el mundo Juan de Quintanaortuño—,
otro pontífice y arquitecto iniciado que construyó
el puente de Logroño, reconstruyó el del río Najerilla, levantó el hospital de Santiago de aquella
ciudad y edificó la iglesia y la hospedería que lle-
van su nombre. Pero, además, como santo tau-
maturgo, se hizo famoso ni más ni menos que

por resucitar muertos. Así lo afirma al menos la leyenda. Tú observa bien en recuerdo mío el capitel de la Anunciación, ése sobre el que un rayo de sol incide en los solsticios para señalar el báculo en forma de *Tau* del viejo san José. *Ego sum lux...*, decía erradamente la cartela del capitel de Eunate en el que se representaba la resurrección de Lázaro. En el mismo capitel de la iglesia gemela de Eunate, la de Torres del Río, aparecía la resurrección de Cristo, con aquellas dos mujeres que parecían cadáveres y la misteriosa fumarola que

salía del Santo Sepulcro en forma de espirales. Todo aquello adquirió sentido en San Juan de Ortega para ayudarnos a encontrar el tesoro escondido en la tumba del santo, así como para salvarnos de los vapores venenosos que dejó escapar la cripta en cuanto apartamos la losa de piedra. No nos sirvió, en cambio, para librarnos de Le Mans pero, siquiera por confortarnos, fue allí donde hallé el importante rollo de cuero con las claves secretas que luego pude utilizar en Las Médulas y en el *Finisterrae.*

Vivimos en un mundo extraño, Jonás, en el que junto a los valores más nobles cohabitan los peores vicios y maldades y todos estamos en ambos bandos a la vez, en mayor o menor medida. Por eso no debes juzgar sin haber reflexionado antes sobre todos y cada uno de los movimientos de la partida. Y te digo esto no sólo porque fuesen los *milites Templi*, nuestros protectores de hoy, quienes preparasen las trampas mortales que casi acaban entonces con nuestras vidas, sino también para que lo tengas muy en cuenta cuando llegues a Burgos, la próxima parada de vuestro viaje.

Tendréis que atravesar una nueva zona de boscaje antes de entrar en la magnífica y soberbia capital del reino de Castilla. Burgos es deslumbrante y avasalladora para el jacobípeta que, después de múltiples penalidades, avanza con paso cansado por la larga vía empedrada que cruza la ciudad de un lado a otro y que forma parte del propio Camino del Apóstol. A diestra y siniestra la rúa está flanqueada por numerosas tiendas en las que se venden todo tipo de mercaderías, así como por cuantiosos obradores de artesanos cristianos, judíos y moriscos, sin hablar de las bullangueras posadas y de los ruidosos mesones. También esta vez te alojarás en el opulento albergue del Hospital del Rey, regido, como sabes, por las dueñas bernardas del Real Monasterio de las Huelgas, donde vive tu madre.

Tienes muchas visitas que hacer durante tus pocos días de estancia en Burgos. No olvides presentar tus respetos a Don Samuel, el pariente de Sara, que se alegrará mucho de volver a verte. Don Samuel sigue siendo el rabino principal de la grande y próspera aljama de la ciudad, aunque nos han dicho que últimamente su fuerte salud se ha deteriorado. Recuerda que fue almojarife mayor del rey don Fernando IV, así que, para satisfacerle a él y traerme información a mí, pregúntale por la situación de la hacienda de Castilla. También deberás saludar a tu tío Manrique y a su esposa, Leonor de Ojeda, y así conocerás a tu primo que, aunque sólo tiene un par de años más que Saura, vendrá pronto a servir como paje en la corte del rey Don Dinis de Portugal, pues ése es el deseo de su padre, y tú tendrás que hacerte cargo aquí de él como tus primos De Born se hicieron cargo de ti en la corte de Barcelona. *Frey*

Estevão tiene asuntos que tratar con tu tío, de modo que, mientras ellos permanezcan reunidos, tú puedes, si así lo deseas, visitar el Monasterio de las Huelgas para conocer a tu madre. Obra en poder de *frey* Estevão una dispensa especial que te permitirá acceder a la clausura. Debo admitir que tu tío Manrique lo desaconseja vivamente, pero yo respetaré tu decisión cualquiera que ésta sea. Creo que, al menos, debes tener la oportunidad de verla y hablar con ella pero, si no quieres, aprovecha el tiempo visitando la monumental catedral de Burgos, paradigma de la inmensa belleza que puede crear el hombre con su inteligencia y sus manos.

Cuando abandonéis la capital de Castilla con dirección a León os encontraréis en primer lugar la población de Tardajos, donde hay un buen hospital para peregri-

nos, y, a menos de una milla, la aldea de Rabé. Pero, lo mismo que entre Viana y Torres del Río, aunque la distancia que separa ambos lugares es pequeña, os resultará interminable a vosotros y a vuestras pobres caballerías, que tendrán que avanzar hundiendo sus patas en el lecho cenagoso. No es de extrañar, pues, el dicho popular:

DE RABÉ A TARDAJOS,
NO TE FALTARÁN TRABAJOS.
DE TARDAJOS A RABÉ,
¡LIBÉRANOS, DOMINÉ!

Después de estas ciénagas os internaréis en una desolada e inacabable meseta que os llevará hasta Hornillos, a cuyas puertas veréis el magnífico Hospital de San Lázaro. No pases de largo frente al pequeño monasterio de San Boal sin fijarte bien, pues se trata del primer enclave antoniano de los páramos de Castilla. Vuestro siguiente descanso lo haréis tras un tramo de peñascales, en Hontanas, cuyas fontanas —que de ahí le viene el nombre— son las más grandes de la zona y las de aguas más saludables. Pero no os sola-

céis allí mucho tiempo porque, si salisteis de Burgos al amanecer, la noche estará próxima y, siguiendo la calzada, deberéis llegar al cenobio de San Antón, poco antes de Castrojeriz, donde los monjes antonianos, cuya historia recordarás
sin duda, os estarán esperando. Allí acuden todas las semanas los enfermos del Fuego de San Antón, los llamados malatos, a recibir la bendición que los monjes impar-
ten con sus cruces en forma de *Tau*, una *Tau* que,
además, ellos mismos ostentan, grande y de color
azul, sobre sus hábitos negros. Ya te conté entonces, aún sin reponerme de mi asombro por su
inesperada aparición en el Camino, que los antonianos son los hermanos menores de los otrora
templarios y ahora caballeros de Cristo, y
que comparten con ellos los conocimientos
fundamentales de los secretos hermé-
ticos. Baste decir que la Orden
está puesta bajo la advocación de
san Antón y de la santa anacoreta María Egipcíaca, que nunca
existió, pues se trataba en
realidad de la bella e inteli-
gentísima prostituta alejan-
drina Hipacia, fundadora
de una influyente escuela en
la que se enseñaba matemáti-
cas, geometría, nigromancia,
astronomía, alquimia, me-
dicina, filosofía, magia... Como no podía ser de otro mo-

do, Hipacia, patrona de las brujas y hechiceras —entre ellas Sara, naturalmente—, tenía a la Iglesia por enemiga y un monje fanático llamado san Cirilo espoleó a la chusma contra ella de manera que la bella dueña tuvo que huir al desierto para escapar de la muerte. En él permaneció cuarenta y seis años hasta que, según cuenta la leyenda creada por Roma, el santo varón Zósimo la encontró y quedó maravillado por el portento de su insólita supervivencia. La Iglesia la renombró como María y la consagró en los altares, convirtiéndola en lo que nunca fue. Curiosamente, el cuerpo del también anacoreta egipcio Antonio el Ermitaño, canonizado como san Antonio Abad y más conocido como san Antón, fue encontrado asimismo en el desierto, aunque doscientos años después de su muerte.

En esta ocasión, Jonás, no tendrás que esconderte de los antonianos como en el viaje anterior. Antes bien, deberás acercarte a ellos y seguir todas sus indicaciones. Verás que *frey* Estevão te deja en sus manos durante algunas semanas, tiempo en el que permanecerás dentro del monasterio a disposición de todo lo que te manden. Como ya conoces el edificio no te sentirás extraño y, la verdad, me río al afirmar tal cosa, pues recuerdo bien nuestra ronda nocturna en la oscuridad, circulando por pasillos y salones mientras éramos silenciosamente observados por un buen número de antonianos y de *milites Templi*. Esta vez, ingresarás por la puerta principal y no por un portillo de las cocinas. Con los monjes de san Antón efectuarás el cuarto grado del remoto ceremonial que iniciaste en Tiermas. Deberás estudiar ciertos aspectos importantes y secretos de disciplinas tales como alquimia y medicina y, después, en el transcurso de una bella ceremonia, los antonianos te harán entrega de las calzas bermejas de escarlata, símbolo de las acciones materiales o terrenas que, desde este momento, realizarás con la misma rectitud e integridad que se le reconocen a tu alma tras vestir los ropajes blancos. Las nobles calzas bermejas evitarán que marches a tontas y camines a locas, presumiéndose que adquieres con ellas el dominio de ti mismo y una gran fortaleza de carácter.

El día de tu partida del cenobio, *frey* Estevão te recogerá de buena mañana y os alejaréis de allí en dirección a Castrojeriz. Desde este punto hasta Las Médulas es *terra incognita* para ti —y también para mí—, pues en la anterior ocasión fuimos trasladados en el interior de un carretón cerrado de los que se utilizan para el transporte de presos. Durante cuatro interminables días atravesamos con toda premura las llanuras castellanas de Tierra de Campos, el abrupto páramo leonés y los Montes de Mercurio.[11] Ahora harás el mismo camino pero con sosiego, en libertad y a lomos de tu bridón de caballero.

11 Nombre dado por los romanos a los Montes de León.

*T*E PREGUNTARÁS, PUES, CÓMO VOY A GUIAR-
TE EN TU PEREGRINATIO SI NO CONOZCO
ESTA PARTE DE LA RUTA. CREO QUE YA TE
COMENTÉ AL PRINCIPIO DE ESTA MISIVA
que, durante los últimos años, una parte de mi trabajo ha sido la de dirigir una mesnada de caballeros
de Cristo que se ha estado encargando de vaciar y
eliminar furtivamente los antiguos escondites de
los tesoros en el Camino. Ellos son, a través de mí,
quienes te guiarán desde ahora hasta que llegues a
Las Médulas, donde yo retomaré de nuevo las ano-
taciones de la crónica que escribí en el año de mil
trescientos diecinueve y que estoy utilizando para
componerte este pequeño *liber manualis*.

Pues bien, dejad atrás Castrojeríz y preparaos para entrar
pronto en la mencionada Tierra de Campos, una inacabable sucesión de planicies yermas sobre las que el sol se abate
con furia. Cerca de los pueblos y villas encontraréis cultivos
de granos y cercados para el ganado, pero el resto es agro vacío en el que apenas encontraréis una sombra bajo la que co-
bijaros. Pocas millas después de salir del cenobio de los antonianos llegaréis al *Pons Fiteria*[12] sobre el Pisuerga, al lado
del cual hay un monasterio de la Orden de San Juan de Jeru-

---

[12] Puente Fitero.

salén. Pasad de largo sin llamar la atención y dirigios hacia Boadilla del Camino y, después, a Frómista, donde tomaréis un buen vino y podréis solazaros con la visita a la iglesia de San Martín, en la cual, entre otras maravillas, veréis los famosos trescientos quince canecillos de los aleros del tejado. El Camino es, en este tramo, duro y cruel con los peregrinos. Aprovecha la soledad para reflexionar sobre tu futuro, ahora que ya tienes más elementos de juicio que te permiten sacar partido de lo que estás viendo y aprendiendo.

En Villalcázar de Sirga, también llamada Villasirga, entrad sin angustia, pues es una vieja encomienda templaria que aún no ha sido abandonada del todo por sus antiguos dueños. Haréis noche allí, en el Hospital Real, donde seréis cumplidamente atendidos, pero al promediar la noche, Jonás, y según ya sabes, deberás estar en pie y listo para ser llevado a la magnífica iglesia de Santa María la Blanca. Déjate impresionar, hijo mío, cuando llegues a los pies de la escalinata que te conducirá al templo. Dicen los *freyres* que no hay iglesia más bella que ésta, que algo se te enrosca en la garganta cuando la ves por fuera y aún más cuando entras. Observa que, contrariamente al resto de iglesias, ésta no está orientada hacia el este sino hacia el sur y piensa qué puede haber motivado una decisión tan fundamental por parte de sus maestros constructores. Sus marciales torreones te aplastarán contra el suelo y su portada, ricamente labrada, te mostrará muchas cosas que ya serás capaz de comprender por ti mismo. Cuando te halles en su interior, tus acompañantes te llevarán hasta la Capilla de Santiago, donde entrarás por la puerta de privilegio y, una vez allí, observa bien la imagen de la Virgen blanca que, estoy seguro, te parecerá tan hermosa como le pareció al rey Alfonso, el décimo de su nombre, apodado el Sabio, quien le dedicó doce de sus famosas Cántigas. Frente a uno de los tres sepulcros que verás, el de un caballero sin nombre —los otros dos son realmente el de Don Felipe, hermano del citado rey Alfonso, y el de su mujer, Doña Leonor de Castro—, serás ceñido con un rico cinturón blanco cumpliendo así el quinto grado de tu iniciación. El sepulcro, en realidad, guarda los restos de alguien muy importante para los caballeros de Cris-

to y esa noche sabrás de quién se trata, pero, dadas las circunstancias que atraviesa la Orden, pronto será vaciado y se grabará algún nombre falso en su losa. El rito en el que serás ceñido te comprometerá a ser noble y virtuoso en tus relaciones con las damas y doncellas, a las que jurarás defender y respetar hasta el límite de tus fuerzas. El cinturón nunca deberás llevarlo delante o detrás sino ponerlo a diestra o siniestra y anudará firmemente tu corazón, cosa que, por otra parte, te hace mucha falta. Pero no temas, pues en absoluto serás privado de los placeres de la carne por ningún juramento o promesa de castidad. Esto es algo que va más allá y esa noche lo comprenderás.

A poca distancia de Villasirga se encuentra Santa María de Carrión,[13] la antigua *Lacobriga* de los romanos, ciudad bella e importante donde las haya y en la que existe, como en otras ciudades del Camino, una gran comunidad de francos que habla el provenzal. Hasta catorce hospitales de peregrinos encontraréis en Santa María de Carrión, así como monasterios de cluniacenses y de franciscanos. Y es que en esta villa tienen sus solares muchas fa-

13 Carrión de los Condes.

milias nobles como los Gómez, Velasco, La Vega... No dejéis de visitar la iglesia de Santa María del Camino, el convento de Santa Clara y el monasterio de San Zoilo.

En el breve tranco hasta Lédigos deteneos en la abadía de Benevivere, de los canónigos regulares de san Agustín, que os darán buena acogida, y desde Lédigos hasta Sahagún cabalgad tranquilos, pues los antiguos *freyres* templarios que dominaron estas tierras os proveerán de lo necesario. En Sahagún, ciudad llena de toda clase de bienes, podréis hacer noche y albergaros en el hospital de la importante abadía de cluniacenses o en el de peregrinos, de los freires franciscanos, a las afueras. Pero quiero, Jonás, que, cuando te halles en esta hermosa ciudad de Sahagún, observes bien cómo los alarifes *mudayyanes*[14] han levantado torres y ábsides en las iglesias de San Tirso y San Lorenzo, pues, al parecer, es un trabajo digno de mucha admiración que ya me gustaría a mí poder apreciar personalmente. Los mudéjares no trabajan con piedra, como nuestros maestros artesanos, sino con arcilla cocida que moldean en forma de pequeños ladrillos, lo que produce un delicado efecto artístico que combina templadamente con la recia estructura cristiana.

Frey Estevão y tú podréis recorrer la distancia que os separa de León en una sola jornada si atosigáis a los

14 Mudéjares, de *mudayyan*, «a quien le es permitido quedarse», musulmanes que seguían viviendo en territorio cristiano tras la reconquista.

animales, aunque si decidís hacer algún tramo a pie esto no os resultará posible. Es cierto que la galopada valdría la pena porque se trata de una interminable llanura en la que dicen los *freyres* de Cristo que abundan los lobos, mas algunos burgos cercanos al Camino, como Mansilla de las Mulas, quizá merezcan la deferencia de pararse un rato a descansar en ellos. Cerca de la amurallada Mansilla podrás ver, como contrapartida a la habilidad de los mudéjares, la destreza de los *musta'rabs* [15] en la iglesia de San Miguel de Escalada. Observa los zarandeos que la historia asesta a los reinos: primero paganos y, luego, cristianos; más tarde, musulmanes y, después, otra vez cristianos. Dentro de mil años, ¿qué gentes vivirán aquí y bajo qué rey? Creemos que todo nos pertenece para siempre hasta que vienen otros con cartas de legitimidad sobre nuestros bienes y se asientan en sus heredades que antes fueron las nuestras. Y, para ello, a veces corre la sangre. Cambia la lengua y el arte, la música, las ropas y las comidas, pero ya ves que la Tierra no le da el menor fuste a todo esto. Ella sigue igual de inalterable. Pues aprende que así debes ser tú ante las acometidas de la vida. Y el Camino de la Vía Láctea enseña muy bien esta materia a quien no se arredra ante las dificultades.

Cuando lleguéis a León descubriréis que la antigua ciudad imperial se encuentra hoy en lamentable decadencia por haber perdido hace algún tiempo el rango de

---

[15] Mozárabes, de *musta'rab*, «arabizado», cristianos que vivían bajo la dominación musulmana.

capital de reino. Pero el éxodo de sus habitantes no le quita
su belleza ni menoscaba las obras que legará a los siglos venideros: la iglesia de Santa Ana, hoy en manos de la Orden del
Hospital, la iglesia de Santa María del Camino, la iglesia de
San Marcelo y la hermosa catedral, que en nada desluce frente a la maravillosa basílica burgalesa, pues aunque aún se está
levantando y su fin, dicen los *freyres*, no está cercano, la *pul-
chra leonina*, como la conoce el pueblo, es un auténtico prodi-
gio de piedra y luz, cuyas vidrieras y rosetones,
como las de Amiens y Reims, asombran al mundo.
No dejes de presentar tus respetos a los venerables
restos de san Isidoro de Sevilla, cuyas *Etimologías*
has estudiado, espero que con provecho. Pero hay
tanto que ver en León que sería un arduo trabajo
enumerar todos los lugares que deberíais visitar.
Haced como mejor os convenga y quedaos el
tiempo que *frey* Estevão y tú consideréis necesario para admirar como se debe la belleza de
León. En cuanto al alojamiento y sustento,
albergaos en el hospital de la Casa de la
Orden de Santiago, levantado por la reina
Doña Urraca, ya que es el mejor de los
muchos que se hallan en la ciudad.

Desde León, saliendo por
Trobajo, hasta Villadan-
gos del Páramo encon-
traréis numerosos hospitales para
peregrinos y poco más, pues las villas son
pequeñas y pobres, aunque cumplidas. Una

vez que atraveséis el famoso puente de diecinueve arcos sobre el río Órbigo os encontraréis de bruces con el Hospital de los *freyres* de San Juan de Jerusalén, así que llevad cuidado y partid rápidamente hacia Astorga, que ya no dista mucho y es uno de los emplazamientos más importantes del Camino. Veréis que se trata de una ciudad principal que cuenta con más de veinte hospitales para peregrinos, pues desde tiempos muy remotos fue castro habitado y nudo de caminos. No en vano en Astorga confluyen los dos ramales principales de la Vía peregrina, el Camino Francés y el que viene del sur, el de la Plata, mal llamado así por los cristianos que utilizan el nombre del metal en lugar de la palabra árabe que lo designa, *Bal'latta*, o camino empedrado, pues fue la antigua calzada romana llamada *Iter ab Emerita Asturicam.*

Desde Astorga iniciaréis una costosa ascensión que os llevará hasta el pico del monte Irago y la localidad de Foncebadón, de modo que, aunque no es un tranco de muchas millas y puede hacerse en un día, llegaréis cansados y con los bridones reventados, así que os aconsejo hacer un alto en Rabanal del Camino, donde seréis recibidos por una parva congregación de antiguos templarios que fueron titulares de la iglesia de Santa María y dueños de muchas de las tierras circundantes. A estas alturas de tu *peregrina-*

tio ya habrás caído en la cuenta de que, mientras en tu primer viaje huías constantemente de los *milites Templi*, ahora viajas acompañado por uno de ellos y buscando su apoyo a lo largo de la ruta. Todo es mudable, Jonás, como ya te he dicho, y lo que ayer parecía bueno hoy es malo y al revés.

Cuando, después de ascender angostas sendas al borde de temibles precipicios, lleguéis a la misma cumbre del monte Irago, veréis, en mitad de un lugar inhóspito como pocos, un alto báculo de madera con una cruz de hierro que, desde lejos, indica el lugar a los peregrinos para que no se pierdan por esos montes en tiempos de nevadas y a cuyos pies es costumbre depositar una piedra. Por fortuna, hallaréis en tan extraño lugar una alberguería y un hospital para peregrinos, fundados hace siglos por un anacoreta llamado Gaucelmo que los puso bajo la advocación de san Juan de Irago. Desde aquí el camino es de bajada, así que disfrutad de los montes, del aire frío y del silencio que auspicia el recogimiento mientras descendéis y os internáis en El Bierzo, una zona en otro tiempo templaria por sus cuatro costados y ahora en manos de la Corona de Castilla, que no sabe, ni sabrá, lo que tiene en su poder. Te encuentras ya muy cerca de Las Médulas, Jonás, el lugar donde fuimos tan afortunados que pudimos ver con nuestros propios ojos el Arca de la Alianza.

Pero no adelantemos etapas. Lanzaos al galope hacia Manjarín y El Acebo, pueblos de gentes acogedoras y de buenas comidas calientes, y haced un alto en Compludo, a pocas millas de distancia, para estudiar con celo el armazón de una antigua herrería que, incluso después de muchos siglos, funciona a la perfección gracias a un ingenioso sistema que obtiene del caudal de agua la fuerza necesaria para mover el poderoso mazo que golpea el metal. Desde allí, partid hacia Riego de Ambrós y Molinaseca y, sin más tardanza, allegaos hasta Ponferrada, la antigua *Ponsferrata*, nombre que le vino del puente con balaustradas de hierro que mandó construir el obispo Osmundo sobre el río Sil para facilitar el paso de los numerosos peregrinos jacobípetas.

*I*D CON PRUDENCIA. SED PRECAVIDOS Y RESERVA-
DOS EN PONFERRADA. AUNQUE LOS TEMPLARIOS
FUERON DECLARADOS INOCENTES EN EL CONCI-
LIO DE SALAMANCA DESPUÉS DE LA DISOLUCIÓN
de la Orden hace diez años, eso no impidió su expulsión de estas tierras, tierras que antes fueron suyas por donación de los reyes leoneses en 1178. El gran castillo templario de Ponferrada, que ya habrás vislumbrado sobre la colina que domina el río, era el centro de una red de fortalezas y casas que se extendían por todo El Bierzo: Pieros, Cornatel, Corullón, Balboa, Tremor, Antares, Sarracín, Bembibre, Rabanal, Cacabelos, Villafranca... Y, por supuesto, Las Médulas. Todo este gran poder defensivo era necesario, declaraban los *freyres* templarios, para proteger a los peregrinos que iban y volvían de Compostela, pero esto no era cierto, pues los mismos peregrinos pasaban por otros lugares donde no había ninguna presencia templaria. El origen del interés de la disuelta Orden por estas tierras, y te lo puedo confirmar porque lo he leído en sus propios legajos, era doble: por un lado, el oro que siempre se halló abundantemente en El Bierzo y, por otro, la salvaguarda de los objetos sagrados más importantes de la cristiandad: el Arca de la Alianza y las Tablas de la Ley, que ellos trajeron desde Jerusalén

durante las Cruzadas, y que escondieron, como bien sabes, en las profundidades de las galerías de Las Médulas, extraordinario paraje situado a doce escasas millas de Ponferrada.

No podréis entrar en el castillo, y supongo que *frey* Estevão lo lamentará de veras, aunque desconozco si visitó alguna vez la fortaleza antes de la expulsión. Junto a mí trabajan algunos caballeros de Cristo que todavía suspiran por sus estancias y celdas situadas a los lados del patio de armas, aunque se consuelan unos a otros asegurando que sus escudos jamás desaparecerán de los muros del castillo. Hablan de divisas, cruces, estrellas, rosas, cua-

drados trabados... No creo que
puedas ver nada de todo esto por-
que, hasta que el rey de Castilla done la propiedad a algún
noble, cosa que hará a no mucho tardar, con certeza per-
manecerá cerrado y con protección de soldados. Sin embargo, quizá os sea posible acercaros hasta la entrada por el puente levadizo que cruza el foso. Lo
dejo en manos de vuestra prudencia.

Sin embargo, en las cercanías de Ponferrada podréis visitar
sin problemas la iglesia de Santa María de Vizbayo y la de
Santo Tomás de las Ollas —ubicada en un lugar llamado
Entrambasaguas por hallarse entre los ríos Sil y Boeza—,
un hermoso templo mozárabe que te sorprenderá por su
original traza y cuyo nombre le viene de las vasijas
que se elaboran en unos hornos que allí hay. No pier-
das detalle de Santo Tomás de las Ollas, Jonás, y pregunta a *frey* Estevão todo cuanto despierte tu curiosidad
sobre el lugar, aunque verás que él mismo te contará muchas
cosas interesantes sin que se lo pidas, pues fue un lugar muy
importante para los *milites Templi.*

Y después de Ponferrada, encaminaos, por fin, hacia Las
Médulas con la tranquilidad del peregrino que puede des-
viarse de su camino porque el tiempo le pertenece. Lo
importante es no dejar de lado los lugares que algún día
podrías lamentar no haber visitado teniendo la oportunidad
de hacerlo. Estoy seguro de que reconocerás de inmediato
aquellos diabólicos picachos rojos y aquellas agujas anaran-
jadas sobresaliendo entre verdes hoyas de castaños. Adver-

tirás que las dos embocaduras de diecisiete o dieciocho alzadas[16] —nosotros sólo vimos una cuando nos bajaron de carretón y nos desfajaron los ojos, pero hay dos— continúan igual que entonces. Lo que sí ha cambiado es el trazado de los túneles. Si os proveéis de antorchas y penetráis en las galerías de paredes rocosas, comprobaréis que ya no se llega a ninguna parte. Antes podían recorrerse durante horas, como hicimos Sara, tú y yo al escapar, o incluso durante días si no se estaba en posesión de las claves para encontrar las salidas. Recordarás la explicación para esta maravilla pétrea bajo tierra: la *ruina montium* empleada por los romanos para extraer el oro de las montañas. Plinio[17] lo explica con detalle en su grandiosa *Historia Natural*. Cuenta cómo el emperador Augusto llevó a cabo una gigantesca explotación minera en la Hispania Citerior en los albores de nuestra era y cómo, de Las Médulas, los romanos llegaron a extraer veinte mil libras de oro puro al año. El procedimiento de la *ruina montium* consistía en soltar de una vez el agua contenida en descomunales embalses situados en los puntos más altos de los Montes Aquilanos. Así liberada, el agua se precipitaba furiosa a través de siete acueductos y, al llegar a Las Médulas, encallejonada en unas galerías previamente excavadas por esclavos, perforaba la tierra provocando grandes desprendimientos. Los restos auríferos eran arrastrados hasta las *agogas*, o lagos que servían como lavaderos, donde se recogía y lim-

---

16 Una «alzada» medieval equivale a 1,70 metros.
17 Plinio el Viejo (*c.* 23 d.C.-79), escritor y enciclopedista romano, máxima autoridad científica de la Europa antigua.

piaba el deseado metal. Esta actividad se realizó sin interrupción durante doscientos años y los picachos rojos y las agujas naranjas de Las Médulas son, pues, los restos de las viejas montañas devastadas, lo mismo que los interminables e intrincados túneles y galerías en los que los *milites Templi* escondieron sus sagrados tesoros.

Allí estuvimos presos y de allí salimos gracias a Sara que, por haber jugado en su niñez en los intrincados túneles que

horadan el subsuelo de París, y que eran utilizados por los templarios francos para esconder sus caudales y celebrar sus ceremonias, conocía las marcas secretas que indicaban las direcciones y lugares. El padre de Sara, uno de los prestamistas más importantes del gueto de París, fue falsamente acusado de sacrilegio por sus deudores y la familia escapó de la Inquisición gracias a los templarios, que les dieron protección en su inmensa fortaleza del Marais, de manera que la pequeña Sara adquirió, jugando, el conocimiento de claves y combinaciones que ya querrían para sí los Papas, los reyes y las Órdenes Militares.

Las inmensas galerías secretas de Las Médulas no han desaparecido. En ellas siguen estando las celdas, los comedores y los salones, incluso la gran basílica donde vimos el Arca, así como los mecanismos que ponen en marcha los engranajes de las puertas, las escaleras y los puentes. A pesar de que el recinto ha sido desocupado y abandonado, la estructura del complejo se ha respetado por decisión mía. Recuerda que jamás se debe hacer nada sin haber pensado antes en todas las posibilidades, sin haber previsto todos los movimientos probables de la partida y sin haber sopesado cuidadosamente los beneficios y las pérdidas.

Y el escondite de Las Médulas es un lugar magnífico al que siempre podríamos necesitar recurrir llegado el caso. Ordené, eso sí, su clausura al exterior de manera que la entrada fuera imposible a partir de ciertos límites. *Frey* Estevão y tú podéis comprobarlo. Te reto, hijo mío, a que encuentres una manera de entrar porque te aseguro que he dejado una

puerta, pero sólo aquel que conozca las claves para encontrarla y eludir sus peligros podrá acceder a las galerías. Y no, no creas que se trata de aquella puerta por la que finalmente escapamos y que presentaba, cincelado, el símbolo que para la alquimia, la *Qabalah* y el Zodiaco representa al Uno.

Cuando huimos de Las Médulas en aquella ocasión éramos presa fácil para nuestros perseguidores los templarios (un hombre muy alto, una judía de pelo blanco y un muchacho larguirucho), de modo que tuvimos que viajar de noche, durmiendo de día en improvisados escondites y pasando hambre y frío. Ahora no es necesario. Puedes continuar tu camino como un caballero peregrino que viaja acompañado por otro caballero de noble condición. De modo que dirigios tranquilamente hacia Camponaraya y Cacabelos y, desde allí, internaos en el valle donde confluyen los ríos Burbia y Valcarce hasta llegar a Villafranca del Bierzo, urbe que, como su nombre indica, está habitada por descendientes de peregrinos francos que decidieron quedarse en estas tierras a petición del rey Alfonso IV, aprovechando el núcleo formado por un cenobio cluniacense y dos hospitales. Eran tiempos en los que, tras la reconquista, las tierras ganadas estaban vacías y los campos abandonados. Villafranca es una ciudad rica que goza de inmejorables vinos, cuyas primeras cepas fueron traídas por los monjes de Cluny desde Francia. Pero, además, esta localidad es muy importante en el Camino por una destacada singularidad: en su iglesia de Santiago, los peregrinos que no están en condiciones de llegar hasta Compostela por hallarse enfermos pueden obtener igualmente la Gran Perdonanza cruzando el dintel de la Puerta del Perdón, la puerta norte del templo. En cualquier caso, no perdáis de vista que al sur de Villafranca se encuentra la iglesia de San Juan de Ziz, de la Orden del Hospital, así que procurad no acercaros demasiado, no sea cosa que el *freixo* que nos recibió entonces sea el mismo y te reconozca.

Esta posición de los hospitalarios, San Juan de Ziz, es sólo una pequeña avanzadilla de lo que hay en tierras de Galicia, donde estáis a punto de internaros, pues allí tiene el Hospital abundantes encomiendas, castillos y prioratos. *Frey* Estevão ha sido informado y estará siempre sobre aviso y ojo avizor.

Saldréis de Villafranca para dirigiros, por la garganta del río Valcarce, hacia un profundo valle en el que abundan los chopos y los castaños y en el que encontraréis pequeñas aldeas, fortines y algún que otro hospital de peregrinos regentado por cluniacenses. Disfrutad de estas hermosas tierras porque el final del tranco será harto fatigoso. Entraréis en Galicia ascendiendo con esfuerzo el monte *Cebruarius*,[18] o *Mons Februari*, como le llama Aymeric Picaud en el *Codex Calixtinus*. Mi principal recuerdo de

18 O Cebreiro.

aquel lugar, además del incómodo refugio que nos ofreció la pequeña iglesia de Santa María la Real, es el de un viento frío que nos helaba los huesos mientras cruzábamos unos bosques centenarios de carpazos y avellanos, bosques en los que se

escuchaba el aullido de los lobos y se adivinaban las sombras fugaces de los osos y los jabalíes. Tú, que estabas con destemplanza y calentura desde poco después de salir de Las Médulas, empeorabas día a día y yo no veía la hora de llegar a algún lugar en el que pudieras descansar y curarte. Temerosos de ser alcanzados en cualquier momento por los *milites Templi*, atravesábamos en la oscuridad de la noche numerosas aldeas de pallozas acompañados por el ladrido de los perros.

Dejad atrás Liñares —donde se cultiva el lino cuya flor azul se mece con el viento—, Hospital da Condesa (Doña Egilo, hermana del conde Gatón), Poio, Fonfría, Biduedo... Y, por fin, se irá abriendo ante vosotros el hermoso valle de Triacastela, cuya villa del mismo nombre queda oculta tras los frondosos castañares y los altos chopos que bordean el río Sartalla. En ella encontraréis un hospital para peregrinos, el de San Pedro, en el que podréis reponeros y compartir el hospedaje, el pan salado de centeno y el calor del fuego con otros viajeros como vosotros. Hasta no ha mucho era costumbre jacobea coger en esta villa una piedra de cal para llevarla hasta los hornos de Castañeda, cerca ya de Compostela, y contribuir así a la construcción de la catedral de Santiago. Hoy ya no resulta necesario, pero la Iglesia no debería olvidar nunca la colaboración de los peregrinos en dicha construcción. En Triacastela visitad la iglesia de Santigo y haced caso a los lugareños, que os aconsejarán tomar el camino más corto hasta Sarria, el que pasa por San Xil, pues desviaros hacia el cenobio de Samos os hará perder mucho tiempo y, aunque este antiguo monasterio cluniacense es de imponente factura, aparte de su contemplación no podréis hacer allí gran cosa. Los habitantes de Triacastela, además, no se cansan de repetir, con toda la razón, que el Camino del Apóstol jamás ha pasado por Samos, así que huid de vías espurias y ganad tiempo encaminándoos hacia Sarria por A Balsa, San Xil, Furela, Pintín y Calvor. El camino es estrecho pero despejado y muy apto para disfrutar del extraordinario esplendor que luce aquí la Naturaleza.

L A VILLA DE SARRIA NACIÓ AL CALOR DEL CAMINO. LA FUNDÓ ALFONSO IX QUE, CURIOSAMENTE, MURIÓ EN ELLA CUANDO LA TRANSITABA COMO JACOBÍPETA UNOS AÑOS después. Como ves, él mismo tuvo la mala (o la buena) suerte de recibir las muchas atenciones que quiso brindar a los peregrinos que iban a Compostela; por eso advertiréis tantas iglesias y tantos hospitales, e incluso un lazareto para malatos. No obstante, esta tarea bienhechora ha dado también sus mundanales frutos, pues dicen los *freyres* que la villa es ahora rica y próspera en forma admirable. Extrañamente, nuestro viejo amigo Aymeric ignora Sarria en el *Codex*, y no he podido hallar una explicación para tan insólito olvido, pero no me sorprende del de Picaud, que, como ya sabes, no es santo de mi devoción. El mejor albergue de Sarria, y uno de los más célebres del Camino, es el del monasterio de la Magdalena, que se destaca en lo más alto del castro. Fue fundado por dos anónimos peregrinos italianos pertenecientes a la Congregación de la Penitencia de los Mártires de Cristo para dar cama y limosna a los *concheiros*. Sin embargo, corren rumores de que el Hospital de San Juan se halla en notables relaciones con los monjes de este cenobio, así que sed precavidos.

Cuando salgáis de Sarria lo haréis cruzando el Ponte Aspero. Poned los caballos al galope y no os detengáis hasta hollar la calzada en Vilachá, por cuyo centro mismo el Camino desciende recto hasta *Locum Portomarini*, el Portomarín que es plaza y bastión de los Hospitalarios de San Juan, cuyos estandartes y gonfalones ondean en todos los edificios de la ciudad. Manteneos alejados de la fortaleza de San Juan de Jerusalén, también conocida como fortaleza de San Nicolás, corazón de la Orden por estos pagos, pues si habéis tenido cerca algún sitio verdaderamente peligroso durante vuestra *peregrinatio*, sin duda es éste. Todavía debe encontrarse por allí don Pero Nunes, prior de la casa, de ingrato recuerdo. Sin embargo, no creo que corras peligro alguno si deambulas discretamente por las plazuelas y calle-

jas de la ciudad, saboreando en algún figón la célebre *parva* (pan mojado en aguardiente de la zona) y las grandes truchas y anguilas del río Miño, que divide la localidad en dos parroquias, la de San Pedro en la margen siniestra y la de San Juan en la diestra, unidas tan sólo por el llamado *pons minius*. Los *freyres* de Cristo que habitaban antes en esas tierras —o *freixos*, como prefieren llamarse en lengua galaica— afirman que los vinos portomariñanes no son buenos, que se pican y vuelven ácidos en la boca, pero los hospitalarios de San Juan venden unos mejores que producen ellos mismos, aunque no deseo que te acerques a comprarles.

Si todo va bien, salid prestos de Portomarín en dirección a Toxibo, despidiéndoos con alivio del río, de las viñas y del

puente peregrino, y, al marchar, no olvides que cuando abandonaste esa misma ciudad en la anterior ocasión, lo hiciste disfrazado de noble franco, en el interior de un rico carruaje guiado por un palafrenero contrahecho y desdentado que no era otro que yo mismo, teñido de rubio gracias a un cocimiento de cerveza, excremento de golondrina, raíces de avellano, hiel de buey e infusión de manzanilla. Sara, sin embargo, se había tornado morena, pues su pelo argénteo embebió hasta el fondo el caldo de bulbos de puerro. Dos *freixos* hospitalarios, bastante hoscos y torpes, ocuparon el lugar del conde Joffroi de Le Mans, de manera que, si te detienes a pensarlo, verás que, a lo largo de nuestro viaje por la ruta peregrina, pasamos de las garras de la Iglesia a las de los templarios y, por fin, a las de los hospitalarios de San Juan. Fuimos rehenes de todos y ninguno consiguió retenernos.

Dejad atrás Gonzar, Castromaior, Hospital y *Sala Regina*[19] para adentraros en tierras de Monterosso y, bajando hacia los pequeños valles, llegar hasta *Ledegundi*,[20] otra importante población del Camino con un gran hospital donde podréis descansar antes de dirigiros al priorato santiaguista de Vilar de Donas, al que tendréis que arribar atravesando

---

19 Mencionada en el *Codex Calixtinus*. Probablemente, Ventas de Narón.
20 Ligonde.

un tranco precario en el que hay un regato tortuoso y unos espesos sotos de castaños. El cenobio se halla en mitad de unas gándaras yermas. Una vez presentados los respetos al Prior, visitad las hermosas tumbas de los caballeros allí enterrados y observad sus estatuas yacentes. Convertidos en piedra, reposan para siempre ataviados con sus armaduras, al tiempo que sujetan firmemente sus espadas. Allí mismo, entre los sepulcros, realizarás el sexto grado de tu ritual de iniciación. Ciertamente es un lugar no exento de peligros por la cercana presencia de hospitalarios, pero los caballeros santiaguistas y los *freixos* salomónicos que perduran en la zona te acompañarán en uno de los momentos más importantes de tu vida: serás descalzado y te lavarán los pies, ajustándote después unas suaves sandalias de seda bordada sobre las que habrás de acomodarte tú mismo las pesadas espuelas de oro que recibirás de manos de dos nobles caballeros cuya presencia dará honor y distinción a tu investidura. Esas espuelas doradas representan, como te advertirán ese día, tu compromiso inquebrantable con la justicia y la lucha sin cuartel contra la infamia, sea ésta la que sea y provenga de quien provenga: rey, noble, vasallo o villano. Con ellas en los pies aplastarás la iniquidad y la sinrazón del mundo sin considerar los menoscabos y quebrantos que tal proceder

pudiera reportarte. A mi edad, ya avanzada, tengo una mala opinión del ser humano, cuya capacidad para el mal, para infligir dolor o abusar de los débiles es infinita. Sin embargo, si alguna redención cabe esperarse, si alguna confianza puede tenerse, radica precisamente en el compromiso de los caballeros como tú que os obligáis con juramentos a luchar hasta el final contra la injusticia.

No podréis quedaros en el cenobio acabada la ceremonia, de modo que marchad sin tardanza por Lestredo y Ave Nostre hacia *Pallatium Regis*,[21] donde haréis noche en el hospital real, y, desde allí, lanzaos al galope hacia Compostela, para la que, si apremiáis a los bridones, ya no os falta más que una única jornada de viaje. Comprobarás que, a estas alturas, la prolongada peregrinación se refleja en las caras cansadas de los viajeros con los que te vas cruzando en el Camino; obsérvales y verás que parecen tener ya en los ojos el reflejo luminoso de la catedral del Apóstol. Pero si a vosotros os queda sólo un día para llegar, a los caminantes les restan dos o tres jornadas, que serán, a no dudar, las más largas y pesadas. Sin embargo, ellos disfrutarán en verdad de este último trecho del Camino, lleno de parajes boscosos, buenas calzadas y animadas aldeas. La vía peregrina se vuelve, desde aquí, recta como una lanza y suavemente inclinada, con ligeras subidas y bajadas, como si quisiera ayudar al caminante a recorrer las postreras millas. Serán muy pocos, Jonás, los que, como *frey* Estevão y tú, no consideren Compostela el final de su viaje, pues vuestra peregrinación ter-

21 Palas de Rei.

minará realmente en el *Finisterrae*,[22] en el Fin del Mundo. Desde *Pallatium Regis* hasta Compostela pasaréis por Leboreiro, con su iglesia de Santa María; por Furelos, con su hermoso puente de cuatro arcos desiguales; por Melide, con sus templos dedicados a San Pedro y Santa María; por Castañeda, donde se hallaban los fogones de cal que se proveían con las piedras que acarreaban los peregrinos desde Triacastela; por Ribadiso, con su fuente de aguas limpias y saludables; por Arzúa, de ricos panes, habas, quesos y nueces; por Ponteladrón, Calzada, Ferreiros, Salceda, Rúa, Lavacolla (donde es costumbre baldearse en el río para limpiar la suciedad acumulada durante el Camino) y, en último lugar, por San Marcos, cuyo pico más alto es el Monte do Gozo, desde donde vislumbraréis, por fin, las altas torres de la catedral de Santiago y los tejados de las casas que se apiñan alrededor de la basílica. Allí, los peregrinos gritan como energúmenos «¡*Ultreia, ultreia!*»[23] antes de lanzarse corriendo colina abajo.

[22] Finisterre.
[23] Germanismo medieval cuya traducción sería «¡Adelante!». Es el saludo, despedida y grito de ánimo de los peregrinos a lo largo de toda la ruta, pero muy especialmente en el Monte do Gozo.

CRUZANDO LA PORTA FRANCA, ENTRARÉIS EN LA MUY NOBLE E ILUSTRE CIUDAD DE COMPOSTELA, CUYAS TORTUOSAS, LODOSAS Y PESTÍFERAS RÚAS ESTÁN ABARROTADAS DE ANIMALES y de gentes venidas de todo el orbe. Santiago será, sin duda, uno de los tres *Axis Mundi* junto a Roma y Jerusalén, pero el ruido y la suciedad de sus calles más la asemejan al suelo de un mercado que a un poderoso y rico lugar de la cristiandad. No obstante, para descubrir aquello que, en rigor, es esta ciudad, antes siquiera de buscar acomodo dirigios, por la noble rúa de Casas Reais y por la populachera Vía Francígena y la de la Azabachería, hacia la basílica del Apóstol. En la explanada que hay frente a ella veréis a cientos de peregrinos como vosotros, con sus bordones y escarcelas, caídos en el suelo o de rodillas, rezando frente a la catedral. Muchos estarán llorando de puro agotamiento pero también de turbación por hallarse en el lugar tantas veces soñado mientras dormían a la vera del Camino, sobre piedras y con la panza vacía, trémulos por el frío o por el miedo a los bandidos. Algunos lucirán ya sobre las ropas la vieira que les identificará en adelante como auténticos *concheiros*.

No podréis llegar a la catedral con los caballos, así que encaminaos hacia la parte posterior de la residencia del arzobispo de Santiago, paredaña a la basílica, y entrad en las caballerizas. Los sirvientes de don Berenguel de Landoira os estarán esperando. Deja que *frey* Estevão se encargue de todo, pues es gran amigo del arzobispo, hombre de reconocidas simpatías por la Orden del Temple y que cuenta con varios antiguos *freires* salomónicos entre los miembros de su séquito y entre sus consejeros. En esta ocasión, Jonás, volverás a alojarte en Compostela con todos los lujos y comodidades, pero no te malacostumbres porque tu *peregrinatio* todavía no ha terminado.

De paseo hacia la catedral, tanto si vas solo como si lo haces en compañía de *frey* Estevão, no dejes de probar esa bebida caliente y dulzona que los gallegos preparan con manzanas ni de comerte un buen pedazo de empanada de miel. Ambas son de las mejores cosas que he probado en mi vida. Y lleva cuidado con la bolsa de monedas del cinto, pues los robos son el pan nuestro de cada día.

Una vez que consigas sumarte al tropel de peregrinos que intenta entrar en el templo, aguza los ojos, pues todo lo que veas a partir de ahora va a adquirir un nuevo sentido para ti, muy diferente del que le diste en tu primera visita. Accederás al templo por la puerta occidental, por el llamado Pórtico de la Gloria, en cuyo tímpano se encuentra el impresionante Cristo de no menos de tres alzadas rodeado por innúmeros personajes de los Evangelios y el Apocalipsis. Pero, a pesar de esta embriaguez de imágenes, no dejes de fijarte en el parteluz, donde Santiago Apóstol apoya sus pies en un Árbol de Jesé y sus manos en un báculo con forma de *Tau*. Sí, en efecto, la misma *Tau* que señalaba los escondites templarios. No obstante, piensa que todas las *Taus* del Camino ya estaban allí antes de que llegaran los templarios y que habían sido puestas por los maestros constructores. Reflexiona sobre ello, Jonás. Si los templarios sólo aprovecharon lo que ya había para marcar la ubicación de sus tesoros, ¿qué hacen tantas *Taus* en la ruta terrestre de la Vía Láctea?

Es costumbre de los peregrinos poner la mano sobre el tronco del Árbol de Jesé al entrar en la catedral, aunque yo no lo hice por parecerme una tradición desatinada, tanto como la de darse cabezazos contra la pétrea crisma de una figura rechoncha que, de espaldas al pórtico, contempla el interior de la basílica. Supuestamente representa al maestro Mateo, el artífice del Pórtico de la Gloria, y las gentes que golpean su frente contra la de él hacen, sin saberlo, el gesto iniciático de transmisión del Conocimiento racional, tal y como te he explicado en alguna ocasión.

Claro que no consiguen nada con ello, pero ya ves cómo nacen ciertas tradiciones populares que parecen no tener mucho sentido.

En el interior del templo, brillante de luces y destellos del oro y las piedras preciosas, se arrodillan cientos de pobres harapientos. Continuamente se quema incienso para intentar sofocar el hedor humano, pero es inútil y, además, este olor se mezcla con el humo de los cirios y el aroma de las miles de flores apiladas por los fieles en los muchos altares del templo.

Las supuestas reliquias del Apóstol Santiago (también llamado Yago, Jacobo, Jacques, Jackob o *Iacobus*) se encuentran en el presbiterio, bajo el altar mayor, en el interior de
un arca de mármol. Sé que el fervor y la piedad religiosa que
te rodeará en ese momento te animará a aceptar con simpatía la absurda idea de que frente a ti, realmente, se hallan los
restos de Santiago el Mayor, pero no te dejes arrastrar por la
ingenua devoción de las gentes, pues ni Santiago estuvo
nunca en estas tierras, como se demuestra
en los Evangelios y en los Hechos

de los Apóstoles, ni su cuerpo decapitado regresó a ellas desde Jerusalén en una barca de piedra empujada por el viento, como afirma la leyenda sostenida por la Iglesia.

Utiliza el cerebro, Jonás. Hay evidencias que no necesitan más indagación. Sin embargo, la verdad no le quita valor a la sencilla religiosidad de las gentes. Acepta con benevolencia la fe de los que tienes a tu alrededor y respeta las creencias ajenas por muy absurdas que te parezcan. Y ahora, deja que te cuente una historia que ha sobrevivido con dificultades al paso de los siglos, pues han sido muchos los empeñados en suprimirla.

En el siglo cuarto de nuestra era, un *episcopus* de la *Gallaecia* llamado Prisciliano, discípulo del anacoreta egipcio Marcos de Memphis, instauró en estas tierras una doctrina cristiana que la Santa Iglesia reprobó prestamente por herética. Pese a ello, el número de sus seguidores, entre los que había numerosos sacerdotes y prelados, creció de tal manera que Roma empezó a preocuparse en serio. Pronto la bella herejía de Prisciliano, basada en la igualdad, la libertad y el respeto, así como en los antiguos conocimientos y ritos, se expandió por toda la península e, incluso, más allá de los Pirineos. El ingenuo *episcopus*, preocupado por la enconada oposición eclesiástica, decidió ir a Roma para pedir comprensión al Papa Dámaso pero, en cuanto llegó, fue capturado, torturado y degollado sin que mediara juicio ni

piedad. A duras penas sus seguidores consiguieron recuperar el cuerpo decapitado
(en esto coincide la historia
con la leyenda del
Apóstol) para traer-
lo de regreso a Galicia.

Como suele ocurrir en es-
tos casos, el martirio del cabe-
cilla sólo sirvió para avivar aún más
el fuego de su doctrina, de manera que
su sepulcro, el lugar donde fueron enterrados sus restos, se convirtió en sagrado
y pronto empezó a recibir miles y miles
de peregrinos venidos de todas partes
del orbe siguiendo el camino marcado
en el cielo por la Vía Láctea. Ni los siglos ni los grandes esfuerzos realiza-
dos por la Iglesia consiguieron acabar
con esta costumbre herética, así que,
cuando se produjo la invasión
árabe de la península en el
siglo octavo y la confusión, la
muerte y la desolación hicieron que las gentes dejaran a un
lado las peregrinaciones para ocuparse de cosas más inmedia-
tas como sobrevivir, misteriosamente la tumba de Prisciliano
se transformó en la tumba del Apóstol Santiago el Mayor,
hermano de San Juan Evangelista, que como tal renació para
ayudar a los cristianos en la Reconquista, apareciéndose en
las batallas y pasando a ser Santiago Matamoros.

Quedaos en Compostela los días que os plazca, siempre y cuando no abuséis de la hospitalidad del arzobispo. Una vez que se cumpla el tiempo oportuno, salid de la ciudad y dirigios hacia la costa, hacia vuestra próxima parada, la cercana localidad de Noia, de señoriales rúas empedradas. Sólo una cosa debes tener en cuenta el día de tu partida, y *frey* Estevão se encargará de que la cumplas: no debes ingerir alimento alguno desde la noche anterior. En Noia, Jonás, vas a morir. No te asustes por ello, pero tampoco creas que será una muerte simbólica. En cuanto lleguéis a Noia, id directamente al pequeño cementerio de la iglesia de Santa María, donde te estarán esperando ciertas personas. *Frey* Estevão se encargará de tu montura y te esperará afuera. Debes saber que Noia, según una leyenda a la que no darás crédito, fue fundada por Noela, hija de Jafet, hijo a su vez

de Noé, quien atracó en estas costas tras el diluvio universal. Plinio, en su *Historia Natural*, habla del castro de Noela y de las gentes que lo habitaban. Una larga tradición de maestros iniciados han acudido a Noia durante cientos de años porque allí, Jonás, se encierra uno de los misterios más grandes de la humanidad. En el cementerio de la pequeña iglesia de Santa María, erigida sobre otra anterior que fue levantada a su vez sobre un antiguo templo pagano, verás montones de losas de piedra apiladas unas contra otras y, grabados en ellas, descubrirás extraños dibujos, símbolos, imágenes y emblemas mistéricos, algunos ya borrados por el tiempo, de tan antiguos. Sólo unos pocos iniciados conocemos ese extraño lenguaje. Nadie más sabe interpretarlo por mucho que aventuren tal o cual explicación. Las losas, lápidas o tapas de sepulcros, como prefieras, guardan las voces lejanas de quienes, como yo mismo, llegaron hasta allí para abandonar una vida anterior, renunciando a ciertas viejas creencias en pos de una nueva verdad. Y esa verdad es la que te será revelada en Noia.

Cuando abandonéis por fin la iglesia de Santa María, una nueva lápida quedará apoyada contra sus muros. Alguien tallará por ti en el lenguaje eterno tu ascendencia y tu linaje, las cosas que has hecho en tu vida y la fecha de tu nacimiento junto a la de tu muerte, que será ese día, durante el cual habrás adquirido una nueva identidad y un nuevo nombre que no podrás revelar jamás y por el que siempre deberás responder ante ti mismo. *Frey* Estevão no sabe nada de este ritual y, aunque él no te preguntará, tú tampoco le mencionarás nada.

Y YA SIN TARDANZA CABALGAD HACIA FINISTERRAE, HACIA EL FIN DEL MUNDO. SI HABÉIS SALIDO DE NOIA POR LA MAÑANA, LLEGARÉIS AL ATARDECER SIN GRANDES apremios, pasando por muchos pueblos y aldeas donde seréis siempre bien acogidos. Finisterre es la última posición del hombre antes del gran reino de Atlas, del gran océano a partir del cual no hay más que un vacío infinito. O eso dicen. Allí, en el Fin del Mundo, la historia cuenta que las legiones romanas de Décimo Junio Bruto se espantaron al ver cómo el *Mare Tenebrosum* se tragaba al sol haciéndolo desaparecer, y los antiguos helenos creían que los muertos pisaban la última tierra antes de subir a la barca de Hermes para ser conducidos al Hades. Fue allí, en el cabo de Fisterra, donde sostuve una comprometida negociación con tu tío Manrique, en la que yo quería comprar la protección de los templarios a cambio de mi silencio sobre sus secretos más valiosos y él quería comprarme a mí, tal y como finalmente hizo. Gracias a aquel pacto, que costó todo un día de enconados desacuerdos y duros diálogos, hoy disfrutamos de la vida de libertad y sosiego que Sara y yo deseábamos. Es cierto que trabajo para los *freyres* de Cristo en el castillo de Amourol, en Portugal, pero es un trabajo digno y libre que requiere

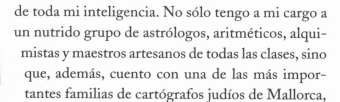

de toda mi inteligencia. No sólo tengo a mi cargo a un nutrido grupo de astrólogos, aritméticos, alquimistas y maestros artesanos de todas las clases, sino que, además, cuento con una de las más importantes familias de cartógrafos judíos de Mallorca, los mejores trazadores de cartas de navegación del orbe. Cuando nos encontremos, hijo mío, te explicaré en qué consisten los nuevos y ambiciosos propósitos de los *freyres*, que, por increíbles que parezcan, no dejan de ser ciertos. Me gustaría, incluso, que participaras en ellos en la medida que lo permitan tus clases de medicina en el Estudio General Portugués de Lisboa.

Antes de llegar a Finisterre, *frey* Estevão y tú os detendréis en la cercana Corcubión y permaneceréis en esta localidad el tiempo necesario para que la última luz del sol desaparezca justo antes de vuestra llegada al cabo del Fin del Mundo. Como aquello es un rocoso peñasco vacío, moveos con cuidado, alumbraos con buenas antorchas y protegeos del fuerte viento marino. Allí, Jonás, te estará esperando, entre otras personas, un noble y muy principal caballero que tiene para ti un obsequio extraordinario cuya entrega supondrá el séptimo grado del ritual de iniciación que comenzaste en Tiermas, al principio del Camino. Recibirás una hermosa espada, digna de un rey —empuñadura corta de oro y hoja larga de doble filo, sin canal, con tu nombre damasquinado en plata—, que te será entregada mientras prestas el solemne juramento de la caballería iniciática frente al mar de Atlas.

Y como sería éste un momento que no quisiera perderme, esa noche, hijo, estaré contigo. Iré a buscarte desde Serra d'El-Rei para volver juntos a casa y hablar largamente de todo lo que, en esta misiva, no ha sido más que un cabal soliloquio para guiarte y acompañarte en tu especial *peregrinatio* a lo largo del Camino de la Gran Perdonanza.

Entonces te contaré que el último grado de tu iniciación, el octavo, tendrá lugar en Lisboa, en la corte del rey Don Dinis, quien, como monarca y caballero de Cristo, te dará el golpe con la espada en el hombro, sancionando y ungiendo de este modo tu nueva condición, no de caballero, pues ya lo eres, sino de gentilhombre y adalid de la antigua Sabiduría y el Conocimiento.

ESCRITO EN SERRA D'EL-REI,
NONAS DE MARZO DEL AÑO MCCCXXIV.
SIGNO, IACOBUS EL FÍSICO, APODADO PERQUISITORE.

FIN